TV & STREAMING
SERIEN
WISSEN IN RÄTSELN

delphin

Emil-Hoffmann-Straße 1, D-50996 Köln
Autor: Jan Votteler
Redaktion und Realisation: red.sign GbR, Stuttgart
Lektorat: Susanne Gärtner
Gesamtherstellung: Delphin Verlag GmbH, Köln

www.delphinverlag.de

Hallo Serien-Junkie!

Lass den Alltag hinter dir und begib dich auf eine Reise durch unser Rätselbuch mit besonderem Plus: Ganz nebenbei erwirbst du durch das Lösen der Rätsel ein umfangreiches Wissen zur Welt der Serien.

Egal ob dramatische Verstrickungen, romantische Begegnungen oder Kämpfe zwischen Gut und Böse: In den nächsten vier Kapiteln lernst du jede Menge Neues, Überraschendes und Wissenswertes zu den beliebtesten Serien aus verschiedenen Genres.

Kapitel 1: Comedy, Dramedy & Sitcoms – bissige Büroserien wie „Stromberg", internationale Hits wie „The Big Bang Theory" oder Serien-Klassiker wie „Desperate Housewives": Hier darf beim Rätseln gelacht werden!

Kapitel 2: Crime & Action – von nervenaufreibenden Politserien wie „House of Cards" über Cosy Crime wie „Only Murders in the Building" bis hin zu Detektivserien wie „Monk": Löse Rätsel mit der extra Portion Spannung!

Kapitel 3: Drama & Romance – von „Dr. House" bis „Downton Abbey", von „Hart of Dixie" bis „Gossip Girl": Kannst du die Rätsel zu den ganz großen Emotionen lösen?

Kapitel 4: Science-Fiction, Horror & Fantasy – vom Science-Fiction-Klassiker „Star Trek" über „The Walking Dead" bis hin zum Serienliebling „Game of Thrones": Errätsel dir dieses fantastische Kapitel!

Bist du bereit für diese aufregende Rätselreise durch das Serienuniversum?

Bingemodus: on!

Alle Lösungen findest du am Ende des Buches ab Seite 102.

Comedy, Dramedy & Sitcoms

Von Kultklassikern wie „Friends“ über Evergreens wie „The Big Bang Theory“ bis hin zu aktuellen Hits wie „How to Sell Drugs Online (Fast)“: Auf den folgenden Seiten rätseln wir uns durch die bunte Welt der humorigen Serien!

Kleine Genre-Kunde

Zum Warmwerden beginnen wir mit einem Rätsel zu den drei Genres, um die es in diesem Kapitel geht. **Sitcoms** leben von Situationskomik. Sie werden meist in einem Studio gedreht, oft untermalt durch Publikumsgelächter. Auch bei der **Comedy** geht es eindeutig darum, das Publikum zum Lachen zu bringen. **Dramedys** hingegen haben neben Humor auch ernsthaften emotionalen Tiefgang im Gepäck. Kannst du die folgenden Serien ihrem Genre zuordnen?

		Comedy	Sitcom	Dramedy
1	The Big Bang Theory	☐ T	☐ A	☐ P
2	Orange is the New Black	☐ S	☐ O	☐ R
3	Der Tatortreiniger	☐ C	☐ N	☐ N
4	Desperate Housewives	☐ A	☐ I	☐ H
5	How I Met Your Mother	☐ L	☐ E	☐ R
6	The Marvelous Mrs. Maisel	☐ O	☐ L	☐ R

Wenn du alles richtig beantwortest, ergeben die Buchstaben – von oben nach unten gelesen – den Titel einer US-amerikanischen Comedy-Zeichentrickserie, die zum Leidwesen ihrer Fans 2023 mit der 14. Staffel endete.

1	2	3	4	5	6

Liebesgeschichte in neun Akten

Wir starten mit einem echten Hit: **How I Met Your Mother** erzählt in neun Staffeln die Geschichte von Ted Mosby, der seinen Kindern im Jahr 2030 rückblickend schildert, wie er ihre Mutter kennenlernte. Die Serie folgt Ted und seinen Freunden durch Liebesabenteuer, Freundschaft und das Chaos des Lebens. Kannst du die folgenden Serien-Ereignisse in die richtige zeitliche Reihenfolge bringen?

☐	Lily und Marshall feiern Hochzeit.	E_1
☐	Barney macht Robin einen Heiratsantrag.	E_2
1	Ted stiehlt im Restaurant ein blaues Horn, um Robin zu beeindrucken.	I_1
☐	Das erste Kind von Lily und Marshall wird geboren.	M
☐	Robins Geheimnis wird enthüllt: Sie war als Teenie ein One-Hit-Wonder-Popstar in Kanada.	R
☐	Ted wird von Stella sitzen gelassen.	I_2
☐	Die Zuschauer sehen die „Mutter“ zum ersten Mal.	N_2
☐	Robin und Ted werden zum ersten Mal ein Paar.	N_1

Das Lösungswort verrät dir, auf welche Art in der elften Folge der neunten Staffel überwiegend gesprochen wird.

1	2		3	4	5	6	7	8
I								

Moderne Sitcom-Klassiker

Neben „How I Met Your Mother" gibt es zahlreiche Serien, die über mehrere Staffeln eine riesige Fangemeinde generieren konnten. Vier dieser **Dauerbrenner** suchen wir in diesem Rätsel. Findest du heraus, um welche es sich handelt? Schau dir dazu die folgende Legende an, finde das versteckte Alphabet und entschlüssle die Symbole.

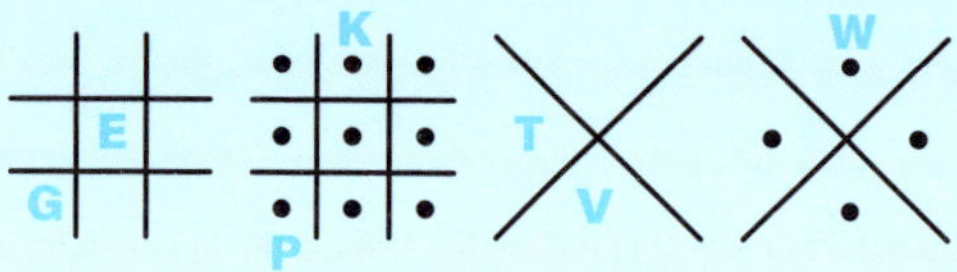

1 9 Staffeln (2001 - 2010)

_ _ _ _ _ _

2 11 Staffeln (2009 - 2020)

_ _ _ _ _ _   _ _ _ _ _ _

3 7 Staffeln (2011 - 2018)

_ _ _   _ _ _ _

4 8 Staffeln (2013 - 2021)

_ _ _ _ _ _ _ _   _ _ _ _ - _ _ _ _

Der Urknall unter den Sitcoms

Die Sitcoms im vorigen Rätsel brachten es schon auf eine beeindruckend lange Laufzeit. Noch länger lief **The Big Bang Theory** – mit zwölf Staffeln! Wegen des gigantischen Erfolgs startete 2017 mit **Young Sheldon** ein Spin-off, das die jungen Jahre von Sheldon Lee Cooper beleuchtet. Welche Aussagen zu der Welt der Nerds sind richtig, welche falsch?

1

Sheldon begleitet alle seine Scherze mit dem Ausspruch „Boing!".

N RICHTIG | M FALSCH

2

Leonard und Sheldon schwärmen beide für Professor Neutron, einem Lieblingshelden ihrer Kindheit.

U RICHTIG | O FALSCH

3

Howard erfindet eine Weltraumtoilette.

N RICHTIG | O FALSCH

4

Die Schauspielerin von Amy trägt auch im wirklichen Leben einen Doktortitel.

P RICHTIG | L FALSCH

5

Raj kann anfänglich nur nach Alkoholkonsum mit Frauen reden.

I RICHTIG | O FALSCH

6

Meemaw, Sheldons Großmutter, ist Mathematiklehrerin an seiner Schule.

A RICHTIG | E FALSCH

Das Lösungswort verrät dir, wie Sheldon von seiner Großmutter liebevoll genannt wurde.

1	2	2	3	4	5	6

Der Serien-Guru

„The Big Bang Theory" und „Young Sheldon" sind nur zwei der vielen Hit-Serien des US-amerikanischen Regisseurs **Chuck Lorre.** Lorre kann aber auch ernsthaft(er) – wie er mit der hier gesuchten **Dramedy-Serie** mit Michael Douglas aus dem Jahr 2018 bewies. Um sie zu erräten, suche den ersten Buchstaben in einer der Ecken und dann die richtigen Anschlussbuchstaben, bis du beim letzten Buchstaben im Mittelkreis angekommen bist.

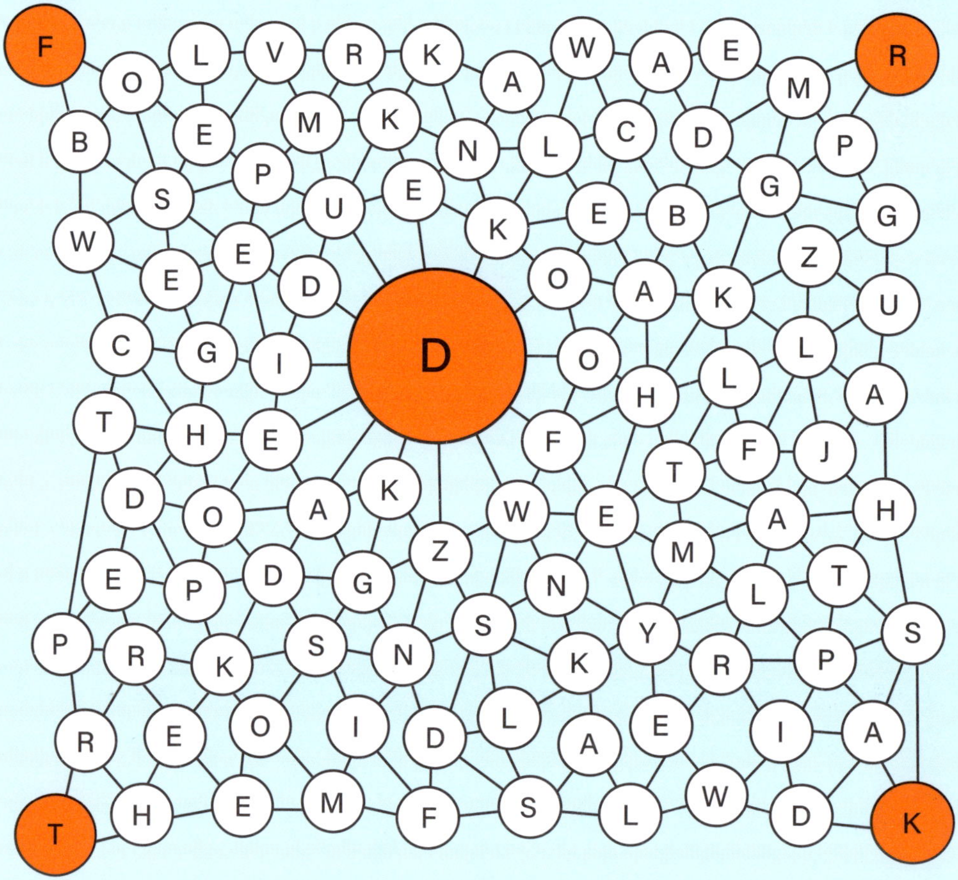

Lösung: _ _ _ K _ _ _ _ _ _ Y _ _ _ _ _ _

Charlie in Nöten

Auch das Sitcom-Schwergewicht **Two and a Half Men** geht auf das kreative Konto von Chuck Lorre – zwölf Staffeln lang begeisterte die Serie ihre Fans. Die Hauptrolle des Charlie Harper spielte Charlie Sheen. Leider leistete sich der Schauspieler den einen oder anderen Skandal, sodass er in Staffel 8 die Serie verlassen musste. Mit der Figur Walden Schmidt, gespielt von Ashton Kutcher, führten die Serienmacher eine neue Figur ein – für viele Fans nur ein schwacher Ersatz. Nach weiteren vier Staffeln wurde die Serie schließlich abgesetzt.

Dreh- und Angelpunkt der Serie ist das legendäre Strandhaus von Charlie Harper – aber wo steht es? Die Antwort liefert dir das folgende Sudoku. Trage dazu in jedes Feld einen der Buchstaben A, B, I, L, M und U so ein, dass in jeder Zeile, jeder Spalte und jedem 6er-Kästchen jeder Buchstabe genau einmal vorkommt.

A			M		
	M	5	L	I	2
	6				
		A		M	U
4	L	U		B	M
		1		3	

Lösung:

1	2	3	4	5	6

Büro ist Krieg …

Seltsame Chefs, nervige Kollegen und bizarre Situationen: Die von Ricky Gervais und Stephen Merchant kreierte britische Serie **The Office**, die 2001 erstmals ausgestrahlt wurde, brachte den grotesken Büroalltag schonungslos in Millionen Wohnzimmer. Die Serie diente als Vorlage für zahlreiche Adaptionen, darunter auch die US-amerikanische Version **The Office** (2005–2013) und die deutsche Serie **Stromberg** (2004–2012). Wie gut kennst du dich in der Welt der drei beliebten Büro-Serien aus? Finde den Lösungsweg, indem du alle Aussagen vom Start bis ins Ziel richtig bewertest.

Wenn du alles richtig eingeschätzt hast, verraten dir die passierten Buchstaben den Namen einer britischen Sitcom, die sich ebenfalls überwiegend im Büro abspielt.

_ _ _   _ _   _ _ _ _ _

Start

Der Bürochef in der US-amerikanischen Version heißt Michael Scott.

Ja → **T**

In Kanada wurde das Serienprinzip unter dem Namen „La Job“ umgesetzt.

Nein → **R**

Die Serie Stromberg spielt in der fiktiven KAPITAL Versicherung AG.

Nein → **O**

Der in „Stromberg“ von allen gemobbte Ernie, dargestellt von Bjarne Mädel, heißt eigentlich Bert.

E

Die Angestellten in der US-amerikanischen Version arbeiten bei einer Firma namens Muffler Difdin.

I

David Brent, Büroleiter in der britischen Version, erfüllt sich 2016 im Spin-off „David Brent: Life on the Road" seinen Traum von einer Musikerkarriere.

H

Im Christmas Special der britischen Version, dem zweiteiligen Abschluss der Serie, kommen Dawn Tinsley und Tim Canterbury endlich zusammen.

T

Die US-amerikanische Ausgabe begeisterte ihre Fans neun Staffeln lang – die britische Originalversion endete bereits nach zwei Staffeln.

C

In Staffel 7 der US-amerikanischen Ausgabe treffen David Brent und Michael Scott kurz aufeinander.

D

Ulf Steinke, gespielt von Oliver Wnuk, hat große Karrierepläne und sägt permanent am Stuhl von Stromberg.

W

Stromberg hat eine Beziehung mit Schirmchen.

Ziel

Kultserien

In den **80ern und 90ern** erlebten **Sitcoms** einen Höhepunkt. In den deutschen Synchronisationen kamen dabei besonders oft Lacher aus der Konserve zum Einsatz – damit auch ja niemand vergisst, an der richtigen Stelle loszuprusten. Wie gut du dich mit diesen Serien auskennst, kannst du hier herausfinden.

1 Von 1990 bis 1996 spielte Will Smith den Prinzen von … äh … von wo noch gleich?

2 Wie heißt das Nesthäkchen der Familie Tanner in der Serie „Full House“ mit Vornamen? Sie wurde von den Zwillingen Ashley und Mary-Kate Olsen dargestellt.

3 Wie heißt die Familie um den selbsternannten Heimwerkerkönig Tim in der Serie „Hör mal wer da hämmert“ (1991–1999) mit Nachnamen?

4 Welche Ellen spielte erst in der gleichnamigen Serie von 1994 bis 1998 die Hauptrolle, bevor sie nach der Absetzung der Serie zu einer der erfolgreichsten TV-Moderatorinnen avancierte?

5 „The Conners“ ist ein Spin-off dieser erfolgreichen Serie, die zwischen 1988 und 1997 produziert wurde. Die Hauptdarstellerin, nach der die Serie benannt ist, ist beim Spin-off aber nicht mehr mit dabei.

6 Jetzt machen wir es mal etwas tricky: Aus welcher Serie, die von 1989 bis 1998 produziert wurde, stammt der berühmte Satz „No soup for you!“ – „Keine Suppe für dich!“?

7 Wie lautet der Nachname der Familie, die „schrecklich nett“ ist und ab 1987 über die Bildschirme flimmerte?

8 Der Außerirdische Alf, der seit 1986 bei Familie Tanner lebt, heißt mit Vornamen eigentlich Gordon. Wie lautet sein „bürgerlich-außerirdischer“ Nachname?

9 Zwischen 1993 und 1999 kümmerte sich „Die Nanny“ rührend um die Kinder ihres Chefs Maxwell Sheffield, in den sie (ziemlich offensichtlich) verliebt war. Dargestellt wurde das schrille Kindermädchen von Fran …?

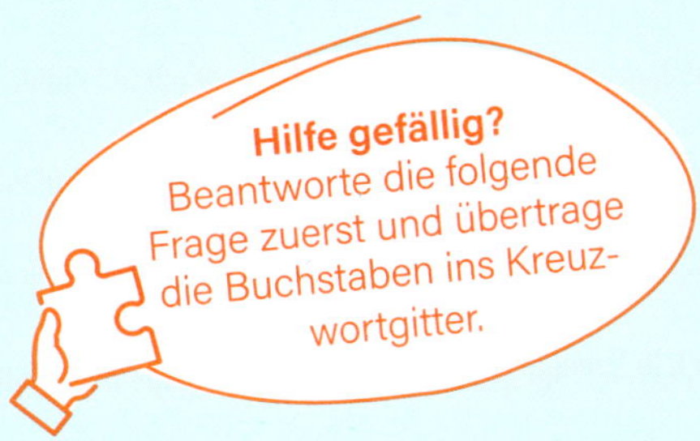

Wie heißt die kultige 90er-Serie rund um den Kurierfahrer Doug Heffernan, die in einem New Yorker Stadtteil spielt?

K	1	2	3		4	5		Q	6	7	7	2	8

Fest der Freundschaft

Wenn wir schon bei kultigen Sitcoms sind: Die Serie **Friends**, die von 1994 bis 2004 produziert wurde, zählt bis heute zu den beliebtesten Sitcoms. Die Handlung dreht sich um sechs chaotische Freunde in New York: Monica, Ross, Rachel, Chandler, Joey und Phoebe. Oder kurz gesagt: Liebe, Lachen, Kaffee – und Drama! Entsprechend häufig wurden die Sitcom und ihre Darsteller für den Emmy nominiert. Aber wie oft genau?

Um die Lösung zu erhalten, fülle die Felder in der Zahlenpyramide so aus, dass zwei nebeneinanderstehende Zahlen als Summe jeweils die darüber befindliche Zahl ergeben. Die Zahlen in den farbig markierten Feldern ergeben von links nach rechts gelesen die Lösung.

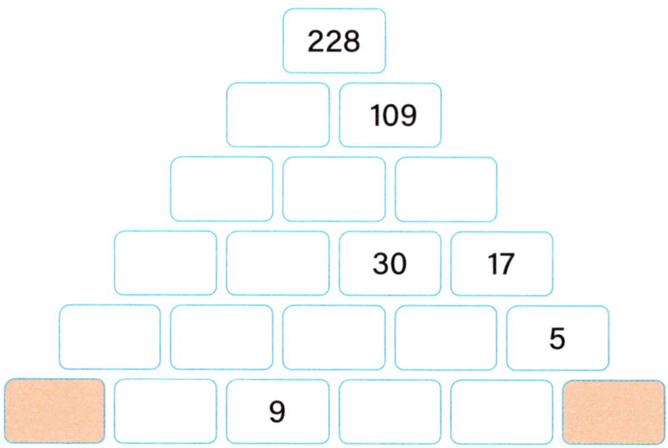

Lösung: ___ ___ Mal

Lebensfreude im besten Alter

Auch in der Kultserie **Golden Girls**, die von 1985 bis 1992 produziert wurde, dreht sich alles um Freundschaft: Rose, Blanche, Dorothy und Sophia leben in Miami in einer WG – und teilen ihr Leben zwischen Männerbekanntschaften und Alltagsproblemen. Was weißt du über die Serie?

1 **In welcher Beziehung stehen Sophia und Dorothy zueinander?**

- **a** Mutter und Tocher **M**
- **b** Freundinnen **G**
- **c** Arbeitskolleginnen **E**

2 **Welches Golden Girl kommt aus St. Olaf in Minnesota?**

- **a** Blanche **O**
- **b** Rose **I**
- **c** Dorothy **M**

3 **Wer soll ein großer Fan der Serie gewesen sein?**

- **a** Queen Elizabeth II. **A**
- **b** Michelle Obama **L**
- **c** Angela Merkel **K**

4 **Wie heißt der ikonische Titelsong der Serie?**

- **a** I'll Be There for You **D**
- **b** Never alone **A**
- **c** Thank You for Being a Friend **N**

5 **„Stell dir vor, Sizilien, 1927 ..." – wer prägte den legendären Ausspruch?**

- **a** Sophia **C**
- **b** Rose **P**
- **c** Blanche **N**

6 **Die Golden Girls verbindet eine gemeinsame Vorliebe – wofür?**

- **a** Hot Dogs **G**
- **b** Chardonnay **A**
- **c** Käsekuchen **E**

Alles gelöst? Dann ergeben die Lösungsbuchstaben den Arbeitstitel, unter dem die „Golden Girls" entwickelt wurden – der Titel erinnert an eine actiongeladene Krimiserie aus den 80ern.

1	2	3	1	2		4	2	5	6

Humor trifft auf Drama

Nicht nur der Cast der „Golden Girls" war legendär! „Friends"-Regisseurin **Marta Kauffman** holte für ihre Dramedy **Grace and Frankie** mit Jane Fonda, Lily Tomlin, Martin Sheen und Sam Waterston gleich vier Stars vor die Kamera. In der Serie erfahren die Titelfiguren, Spießerin Grace und Hippie Frankie, dass ihre Männer eine Affäre miteinander haben. Widerwillig ziehen die Betrogenen zusammen und entwickeln eine ungewöhnliche Freundschaft. Wann und wo wurde die erste Staffel der Serie gedreht? Um das herauszufinden, finde den richtigen Weg durch das Labyrinth und sammle die Zahlen sowie Buchstaben ein, die du unten einträgst.

Lösung: _ _ _ _   _ _ _ _   _ _ _ _ _ _ _

Starke Großstädterinnen

Enorm erfolgreiche Dramedy-Serien gab es freilich schon vor „Grace and Frankie" – **Sex and the City** (1998–2004) und **Ally McBeal** (1997–2002) gehören zweifellos dazu! In beiden Serien geht es um starke Frauen, die ihr Leben in der Großstadt meistern. Kannst du mit den unten aufgeführten Wörtern die Lücken füllen?

1 Sex and the City

Die Serie begleitet die ________________ Carrie Bradshaw und ihre drei ________________ Miranda, Charlotte und ________________ durch ihr bewegtes Liebesleben auf der Suche nach Mr. Right in ________________. Ihre Lieblingsthemen: Männer, Liebe, ________________ und Schuhe – und dabei nehmen sie weiß Gott kein Blatt vor den Mund!

2 Ally McBeal

Die Serie handelt von einer erfolgreichen jungen ________________, die in einer skurrilen Kanzlei in ________________ arbeitet. Zwischen bizarren Fällen, exzentrischen ________________ und ihrem chaotischen ________________ sucht Ally nach ________________, Liebe und sich selbst.

SAMANTHA ▪ BOSTON ▪ NEW YORK ▪ ANWÄLTIN ▪ LIEBESLEBEN ▪ KOLUMNISTIN ▪ KOLLEGEN ▪ FREUNDINNEN ▪ SINN ▪ SEX

Hausfrauen im Krisenmodus

Eine der berühmtesten Dramedys ist ohne Zweifel die Serie **Desperate Housewives**. Die 180 Folgen starke Serie, die von 2004–2012 ausgestrahlt wurde, folgt dem Leben von fünf befreundeten Hausfrauen in einer amerikanischen Vorstadt. Nachdem sich ihre Nachbarin, Mary Alice Young, aus heiterem Himmel das Leben nahm, beginnt die vermeintlich perfekte Vorstadt-Idylle zu bröckeln. Aus dem Jenseits wirft Mary einen gnadenlosen Blick auf ihr Leben und das ihrer Freundinnen – schrittweise kommen dunkle Geheimnisse ans Licht.

Im folgenden Rätsel findest du die fünf Freundinnen und ihre Darstellerinnen. Verbinde die Namenspaare durch Linien. Die Linien dürfen nur waagerecht und senkrecht gezeichnet werden und sich nicht kreuzen.

Teri Hatcher				Lynette	
				Susan	
	Gabrielle	Bree	Felicity Huffman		
		Nicollette Sheridan			
					Edie
			Marcia Cross		Eva Longoria

Eine Amerikanerin in Paris

Vom fiktiven US-Nest springen wir in die französische Hauptstadt: In der 2020 gestarteten Serie **Emily in Paris** geht es um die junge Amerikanerin Emily, die für einen Job in einer Marketingfirma an die Stadt an der Seine zieht. Dort stellt sie sich beruflichen Herausforderungen, muss kulturelle Missverständnisse verarbeiten und ihr turbulentes Liebesleben unter Kontrolle halten. Mit viel Charme entdeckt sie Paris und lernt, sich in einer neuen Welt zu behaupten. Stichwort „entdeckt“: Entdeckst du die sechs Fehler im unteren Spiegelbild?

Coming of Age

Ein wiederkehrendes Motiv in Dramedys: Junge Menschen, die versuchen, zwischen erster Liebe, Herzschmerz und der Suche nach Glück ihren Platz im Leben zu finden. In diesem Rätsel findest du **sechs beliebte Serien** dieses Genres. Kannst du die Beschreibungen den Serientiteln zuordnen?

- ◯ Vier Teenager in L.A. müssen sich mit gefährlichen Gang-Konflikten auseinandersetzen.
- ◯ Der autistische Teenager Sam sucht nach Unabhängigkeit und Liebe.
- ◯ Charlie und Nick entdecken ihre Gefühle füreinander.
- ◯ Devi will nach dem Tod ihres Vaters ihr Leben an der Highschool meistern.
- ◯ James und Alyssa begeben sich auf einen chaotischen Roadtrip.
- ◯ Nerd Otis startet mit Mitschülerin Maeve eine Sexualberatung in der Schule.

- Noch nie in meinem Leben **A**
- Sex Education **S**
- On My Block **R**
- The End of the F***ing World **L**
- Heartstopper **Y**
- Atypical **O**

Alles zugeordnet? Dann ergeben die Buchstaben von oben nach unten gelesen den Titel einer beliebten Coming-of-Age-Dramedy aus Schweden.

Young __ __ __ __ __ __

Humoriger Nachschlag

Na, schon im Rätsel-Bingemodus? Dann machen wir doch direkt weiter: Hier suchen wir drei weitere **Serien-Hits**! Kannst du die Bilderrätsel knacken und sie erraten?

1 Ein junger Koch kehrt der Sternegastronomie den Rücken, um den Sandwich-Laden seiner Familie zu übernehmen.

Ä = EA

IG = H
-R

_ _ _ _ _ _ _

2 Ein junger Lehrer möchte einem Highschool-Chor wieder zu altem Glanz verhelfen.

-RI
L_2 = E

_ _ _ _

3 Im Zentrum steht Hank Moody, ein zynischer und chronisch schlecht gelaunter Schriftsteller.

W = C

H = IF

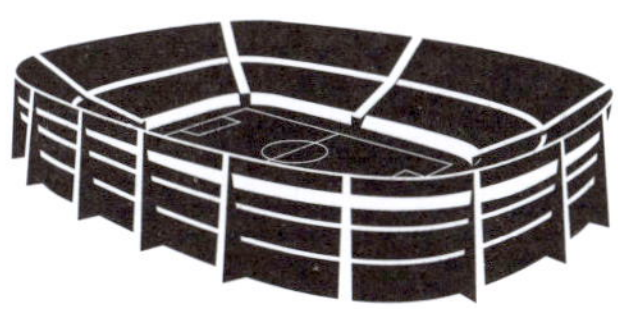

ST = IC
D = T

_ _ _ _ _ _ _ _ _ _ _ _ _ _ _

Das Leben ist kein Ponyhof

Vielen Dramedys gelingt der Spagat zwischen Humor und einer harten Realität – das beweisen auch die fünf **Serienlieblinge** aus diesem Rätsel. Was die Serien ebenfalls gemeinsam haben: Sie werden alle von starken weiblichen Hauptrollen getragen. Wie gut kennst du dich bei diesen fünf Serien aus? Jeweils einer der vier Begriffe passt nicht – findest du heraus, welcher es ist?

1 Orange is the New Black

- **a** Piper **M**
- **b** Gefängnis **A**
- **c** Spielcasino **W**
- **d** Litchfield **R**

2 Shameless

- **a** Familienbande **U**
- **b** Gentrifizierung **S**
- **c** Los Angeles **E**
- **d** Armut **H**

3 Ginny & Georgia

- **a** Marcus **W**
- **b** Miller **T**
- **c** Geheimnisse **B**
- **d** Weltreise **E**

4 Fleabag

- **a** Freizeitpark **D**
- **b** Tabubrüche **A**
- **c** London **S**
- **d** Café **I**

5 Good Girls

- **a** Rio **R**
- **b** Supermarkt **U**
- **c** Geldwäsche **L**
- **d** Route 66 **S**

Alles gelöst? Dann ergeben die Lösungsbuchstaben den Titel einer US-amerikanischen Dramedy, die von 2005 bis 2012 produziert wurde – und die gut zu den hier genannten Serien passt!

1	2	3	4	5

„Nerd today, Boss tomorrow“

Erfolgreiche Dramedys kommen nicht nur aus den USA oder aus England. Der **Kölner bildundtonfabrik** gelang mit der hier gesuchten Serie ein internationaler Hit. Der englischsprachige Serientitel versteckt sich in diesem Rätsel! Hier noch ein paar stichwortartige Hinweise: Teenager, Schule, Ecstasy, Moritz. Welche Serie suchen wir? Beginne mit dem markierten Buchstaben und finde den Weg durch das Gitter, du kannst waagerecht und senkrecht gehen.

N	O	S	R	D	L
L	I	G	U	E	L
E	N	T	H	S	O
F	A	S	O	W	T

Lösung:

___ ___ ___   ___ ___   ___ ___ ___ ___   ___ ___ ___ ___ ___

___ ___ ___ ___ ___ ___ (___ ___ ___ ___)

Alltag mit Hindernissen

Wir bleiben in Deutschland! Die Comedy-Serie „Der Tatortreiniger" mit Bjarne Mädel, die 2011 startete und bis 2018 lief, avancierte schnell zum Kulthit. Sie folgt dabei Heiko „Schotty" Schotte, der nach Verbrechen die Schauplätze säubert. Dabei trifft er auf skurrile Menschen und ungewöhnliche Geschichten. Eine weitere **deutsche Comedy-Serie** suchen wir hier. Findest du anhand der Zuschauer-Bewertungen heraus, welche gemeint ist?

★★★★

Unbedingt gucken! Moritz Bleibtreu und Enzo Brumm sind einfach umwerfend in ihrer Vater-Sohn-Konstellation. Die Serie erinnert mich ein bisschen an den Tatortreiniger.

★★★★★

Eine wahre Perle im deutschen Comedy-Genre! Danke an Marcus Pfeiffer für das Drehbuch! Die Hauptfigur zieht das Chaos magisch an. Die Situationskomik ist zum Brüllen und auch das Timing der Gags sitzt. Auch die Nebendarsteller sind wunderbar exzentrisch und bringen jede Szene zum Leben.

★★

Die Story ist kurz erzählt: Ein Berliner Service-Techniker installiert gemeinsam mit seinem Sohn Elektrogeräte bei oftmals skurrilen Kunden und geizt nicht mit Lebenstipps. Die Dialoge sind pointiert und ziemlich witzig, das war's dann aber auch schon. Auf mich wirkt die Handlung oft ein bisschen flach und vorhersehbar. Mehr als die eine Staffel muss nicht sein.

Lösung:

_ _ _ _ _ _ _ _ _ _ _ _ ' _

Sch(m)erzkekse in 2D

Als krönenden Abschluss des Kapitels begeben wir uns in die animierte Comedy-Welt: **Die Simpsons** bringen uns seit 1989, **South Park** seit 1997 zum Lachen. Die lustig-frechen Charaktere der beiden Serien sind schon beinahe so etwas wie Kulturgut – deshalb fällt es dir bestimmt nicht schwer, je sieben Figuren aus beiden Serien im folgenden Rätsel ausfindig zu machen. Die Namen können horizontal, vertikal, diagonal, vorwärts oder rückwärts eingetragen sein (ohne Leerzeichen). Findest du sie?

H	M	T	I	M	M	Y	I	K	N	B	R	F	G
G	I	K	O	A	P	B	A	G	Y	E	A	R	C
N	S	O	S	G	E	I	U	R	E	L	S	R	L
L	T	R	V	G	E	O	D	T	C	O	E	J	T
B	E	M	U	I	O	Z	R	O	T	Z	E	U	N
W	R	C	U	E	R	N	O	E	R	E	W	B	T
R	B	E	H	R	O	I	F	A	M	U	R	B	N
E	U	O	A	E	T	Y	K	J	A	W	H	S	O
M	R	Z	C	O	F	Z	N	T	R	D	N	S	A
O	N	N	R	E	K	K	I	N	G	R	E	T	E
H	S	F	F	E	R	S	O	N	E	N	S	A	Z
E	M	H	P	O	L	T	F	C	M	K	I	N	R
A	S	I	L	S	E	L	M	A	H	H	E	R	I
N	D	B	I	P	R	E	N	E	R	I	C	F	K

Simpsons: HOMER · BART · MARGE · LISA · MAGGIE · SELMA · MISTER BURNS

South Park: ERIC · STAN · KYLE · KENNY · BUTTERS · TIMMY · CHEFKOCH

Comedy, Dramedy & Sitcoms errätselt?

Nachdem du dich nun durch die Welt der humorigen Serien gerätselt hast, kannst du hier abschließend checken, wie fit du in diesem Bereich bist und was du gelernt hast.

Check dein Wissen!

1 Wie heißt die Sex-Kolumnistin Carrie in „Sex and the City" mit Nachnamen?

2 Wie lautet der Nachname der Hauptfigur Ted aus „How I Met Your Mother"?

3 In welcher Sitcom kommen die Figuren Dorothy, Sophia, Blanche und Rose vor?

4 „The Big Bang Theory" und „Young Sheldon" sind Serienhits dieses erfolgreichen Produzenten (Nachname).

5 Sie zählt bis heute zu den beliebtesten Sitcoms: Wie heißt die Serie rund um sechs chaotische Freunde in New York?

6 Wie heißt die deutsche Adaption der britischen Serie „The Office"?

7 Was versucht der Teenager Moritz zu verkaufen – und das laut Serientitel möglichst schnell?

8 Welcher berühmte Martin spielt in „Grace and Frankie" mit?

9 In welcher Coming-of-Age-Serie entdecken Charlie und Nick ihre Gefühle füreinander?

Crime & Action

Fliegende Fäuste, leblose Körper, Verbrecherbanden, Kleinkriminelle, starke Polizeiteams, coole Anwälte und versierte Detektive: Auf den folgenden Seiten kannst du dich durch die turbulente und mitreißende Welt der Krimi- und Actionserien rätseln!

CRIME & ACTION

Same same, but different

Das Genre Crime & Action ist ein weites Feld! Mal stehen Anwälte im Fokus, mal ermitteln Detektive oder die Polizei, mal ist's humorig, mal herrscht knallharte Action- oder Thriller-Spannung. Kannst du die folgenden Serien ihrem jeweiligen Sub-Genre zuordnen?

	Detektiv-serie	Polizei-serie	Anwalts-serie	Thriller
1 The Lincoln Lawyer	☐ L	☐ B	☐ S	☐ U
2 The Rookie	☐ I	☐ Q	☐ R	☐ W
3 Alarm für Cobra 11	☐ T	☐ U	☐ E	☐ N
4 House of Cards	☐ A	☐ E	☐ H	☐ I
5 Suits	☐ L	☐ E	☐ D	☐ G
6 Magnum P.I.	☐ G	☐ Y	☐ H	☐ S
7 Bosch	☐ A	☐ Z	☐ E	☐ N
8 Better Call Saul	☐ O	☐ L	☐ M	☐ G
9 Haus des Geldes	☐ R	☐ I	☐ L	☐ E

Wenn du alles richtig beantwortest, ergeben die Buchstaben – von oben nach unten gelesen – den Titel einer Thriller-Serie von 2021, bei der hoch verschuldete Menschen in scheinbar harmlosen Spielrunden gegeneinander antreten – dabei geht es um Leben und Tod.

1	2	3	4	5		6	7	8	9

Auf moralischen Abwegen

Wir starten direkt mit zwei gigantischen Serienhits: 2008 enterte der Chemielehrer Walter White in der Serie **Breaking Bad** die TV-Bildschirme. Die preisgekrönte Serie, entwickelt von Vince Gilligan, gilt als eine der besten TV-Produktionen aller Zeiten. 2015 schuf Gilligan mit **Better Call Saul** ein erfolgreiches Prequel zu Breaking Bad. Kennst du dich mit den beiden Serien aus und kannst du die Lücken füllen?

1 Breaking Bad

In Breaking Bad beschließt Walter White nach einer ______________________, ins ______________________-Geschäft einzusteigen, um seine Familie finanziell abzusichern. Dabei hilft ihm sein ehemaliger Schüler Jesse ______________________.

2 Better Call Saul

Das Prequel Better Call Saul erzählt die Vorgeschichte von Saul ______________________, dem zwielichtigen ______________________, der in Breaking Bad Walters rechtlicher Beistand ist und der eigentlich ______________________ Morgan McGill heißt. Better Call Saul spielt zeitlich vor und ______________________ zu den Ereignissen von Breaking Bad. Viele Figuren aus Breaking Bad treten in Better Call Saul auf, darunter ______________________ Salamanca. Es gibt auch ______________________-Auftritte von Walter White.

GOODMAN • PARALLEL • CAMEO • METHAMPHETAMIN • ANWALT • HECTOR • JAMES • PINKMAN • KREBSDIAGNOSE

Krasse Kanzleien

Neben „Better Call Saul" gibt es eine Vielzahl von **Anwaltsserien**, die weltweit ihr Publikum in Atem halten. Vier davon suchen wir in diesem Rätsel. Findest du heraus, um welche es sich handelt? Schau dir dazu die folgende Legende an, finde das versteckte Alphabet und entschlüssle die Symbole.

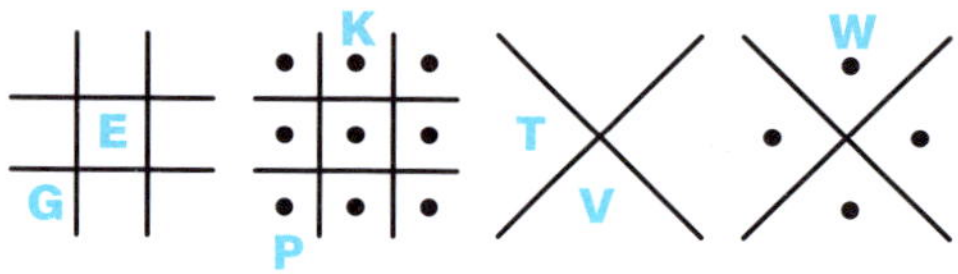

1 **7 Staffeln (2009–2016)**

_ _ _ _ _ _ _ _ _

2 **9 Staffeln (2011–2019)**

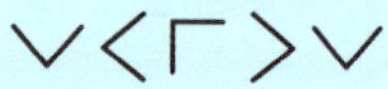

_ _ _ _ _

3 **6 Staffeln (2014–2020)**

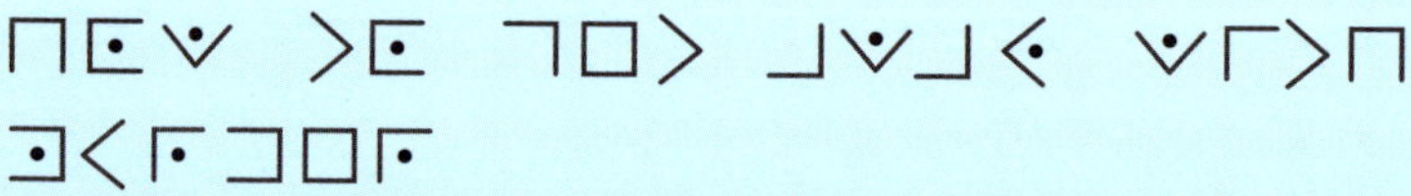

_ _

4 **5 Staffeln (2004–2008)**

_ _ _ _ _ _ _ _ _ _ _ _

Weibliche Spürnasen

Bei den beliebten Serien „How to Get Away With Murder" und „Good Wife" stehen **starke Frauen als Ermittlerinnen** im Vordergrund – ebenso wie bei den drei hier gesuchten Serien. Findest du heraus, um welche es sich handelt?

A

- » Die forensische Anthropologin Dr. Temperance Brennan und der FBI-Agent Seeley Booth lösen gemeinsam Mordfälle.
- » Brennan nutzt dabei ihre wissenschaftlichen Fähigkeiten, um Hinweise aus Skelettüberresten zu gewinnen, während Booth mit klassischer Ermittlungsarbeit brilliert.
- » Produziert wurde die Serie zwischen 2005 und 2017.

Lösung:

_ _ _ _ _

B

- » Komplexe Mordfälle lösen: Das ist das Tagesgeschäft einer toughen Polizistin und einer eleganten Gerichtsmedizinerin.
- » Ihre gegensätzlichen Persönlichkeiten – Pragmatismus trifft auf Intellektualität – sorgen für eine besondere Dynamik.
- » Die Serie spielt in Boston und wurde von 2010 bis 2016 produziert.

Lösung:

_ _ _ _ _ _ _

& _ _ _ _ _

C

- » Im Zentrum dieser Serie steht Dr. Megan Hunt, eine ebenso brillante wie eigensinnige Gerichtsmedizinerin, die nach einem Unfall ihre Karriere als Neurochirurgin aufgeben musste.
- » Mit ihrem Scharfsinn und unorthodoxen Methoden knackt sie komplexe Kriminalfälle, während sie versucht, ihr Privatleben und die Beziehung zu ihrer Tochter zu reparieren.
- » Die Serie spielt in Philadelphia und wurde von 2011 bis 2013 ausgestrahlt.

Lösung:

_ _ _ _   _ _

_ _ _ _ _

Detektivischer Feinsinn

Nun widmen wir uns den Detektiven, die in vielen Serien tragende Rollen spielen. Drei beliebte **Detektivserien** verstecken sich in diesem Rätsel. Um sie zu erräteln, beginne mit dem markierten Buchstaben und finde den Weg durch das Gitter, du kannst waagerecht und senkrecht gehen.

R	E	H	T	U	L
M	O	E	R	L	K
K	N	H	S	O	C

Lösung:

1 _ _ _ _ _ _ _ _

2 _ _ _ _ _ _

3 _ _ _ _

Klassische Figuren ganz modern

Die Liste der Detektivserien ließe sich ewig weiterführen. Diese hier, die von 2012 bis 2019 äußerst erfolgreich lief, darf aber keinesfalls fehlen. Die Hauptrollen der **Sherlock-Holmes-Adaption** sind ein brillanter, exzentrischer Detektiv, der mit seiner Ex-Suchtberaterin Verbrechen aufklärt. Um die Serie zu erräteln, suche den ersten Buchstaben in einer der Ecken und dann die richtigen Anschlussbuchstaben, bis du beim letzten Buchstaben im Mittelkreis angekommen bist.

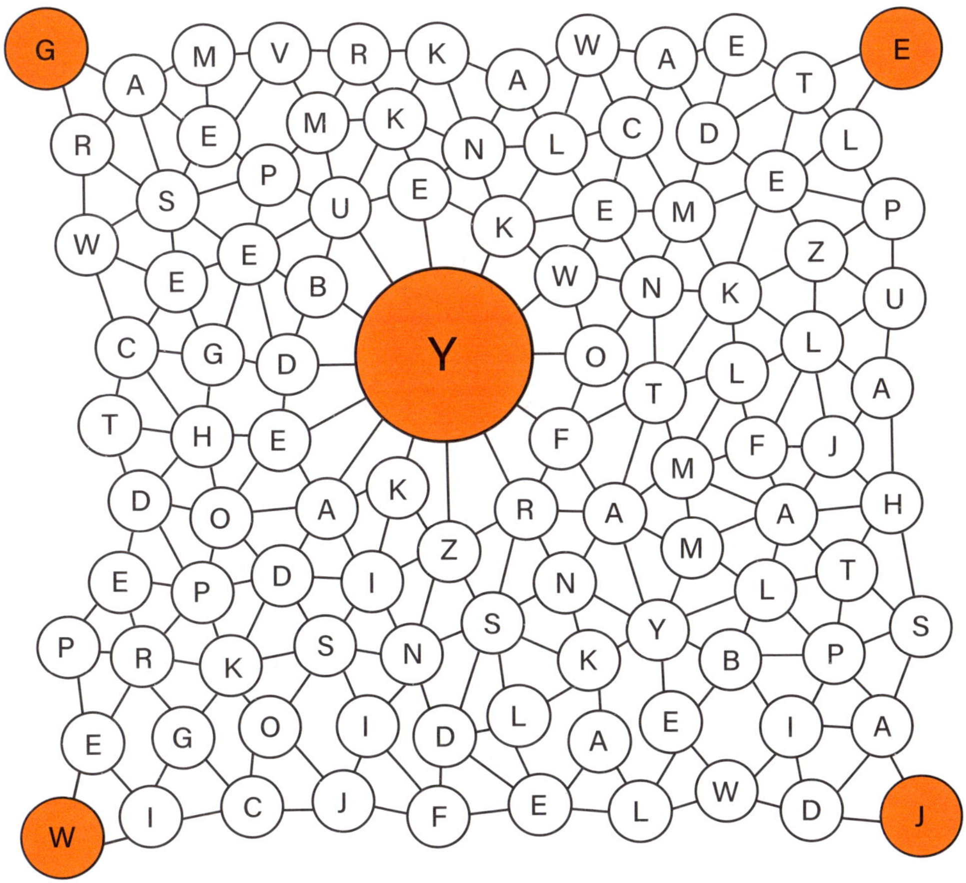

Lösung: _ L _ _ _ _ _ _ _ _

Gefährliche Machtspiele

Korrupte Politiker, Verbrecherbanden und andere zweifelhafte Gestalten auf der einen Seite, findige Detektive, Anwälte und Polizeikräfte auf der anderen: Das Spiel **Gut gegen Böse** wird immer wieder neu ausgelotet – auch in Serien, die nicht aus den USA stammen!

Im folgenden Rätsel findest du fünf **internationale Serien** und ihre **Produktionsländer**. Verbinde die Begriffspaare durch Linien. Die Linien dürfen nur waagerecht und senkrecht gezeichnet werden und sich nicht kreuzen.

Spanien		Lupin	Peaky Blinders		
		Das Gesetz nach Lidia Poët		Borgen	
		Haus des Geldes			
	Frankreich				UK
			Italien		Dänemark

Sündenpfuhl Berlin

Auch Deutschland hat im Bereich der Krimiserien einiges zu bieten. Eines der jüngsten Beispiele ist die international erfolgreiche Serie **Babylon Berlin** von 2017. Im Berlin der späten 1920er-Jahre taucht Kommissar Gereon Rath in eine Welt aus Korruption, Politik, Drogen und Geheimnissen ein. Behältst du den Überblick im turbulenten, verruchten Berliner Nachtleben der 20er? Einige Personen bzw. Paare gibt es doppelt, nur drei sind Unikate – findest du sie?

Krimis made in Germany

Wir bleiben in Deutschland! Neben der absoluten Kult-Krimireihe „Tatort", die 1970 zum ersten Mal zu sehen war, locken auch diverse andere **Krimi-Dauerbrenner** bis heute viele Zuschauer vor die Bildschirme – um vier von ihnen geht es in diesem Rätsel. Um herauszufinden, wann die Serien zum ersten Mal über die Mattscheibe flimmerten, finde den richtigen Weg durch das Labyrinth und sammle die Zahlen ein, die du unten einträgst.

Lösung:

1 Die Rosenheim-Cops: ___ ___ ___ ___

2 Großstadtrevier: ___ ___ ___ ___

3 Alarm für Cobra 11: ___ ___ ___ ___

4 Mord mit Aussicht: ___ ___ ___ ___

Spannung trifft Humor

Wir bleiben noch im Bereich der Kriminalität – allerdings wird es jetzt auch noch lustig: Das Genre **Cosy Crime** zeichnet sich durch eine leichte, oft humorvolle Atmosphäre und einen Fokus auf Rätsel statt brutaler Gewalt oder düsteren Themen aus. Klassische Beispiele sind die Werke von Agatha Christie oder Serien wie „Mord ist ihr Hobby". Hier suchen wir drei aktuelle Serien des Genres. Kannst du sie errätseln?

1 Der 40-jährige John Nolan verwirklicht nach einem lebensverändernden Ereignis seinen Traum und fängt als ältester unerfahrener Neuling beim Los Angeles Police Department an.

4 7 6   8 9 9 10 11 6

2 Drei Nachbarn teilen eine gemeinsame Leidenschaft für True-Crime-Podcasts. Gemeinsam betätigen sie sich in ihrem New Yorker Apartmentkomplex als Hobbydetektive.

9 12 5 13   14 15 8 16 6 8 3   11 12

4 7 6   18 15 11 5 16 11 12 19

3 Der Trickbetrüger Neal Caffrey geht mit dem FBI einen Deal ein, um mit Agent Peter Burke Wirtschaftskriminellen das Handwerk zu legen.

20 7 11 4 6   1 9 5 5 2 8

Alles gelöst? Dann verrät dir das Lösungswort den Titel einer Cosy-Crime-Serie rund um einen Bestsellerautor.

1 2 3 4 5 6

Im Haifisch-becken der Politik

Genug gelacht, jetzt wird es wieder ernst – es geht um **Polit-Thriller**, in denen es vor Intrigen, Korruption, Lügen und zwielichtigen Machenschaften nur so wimmelt. Zu den bekanntesten Vertretern dieses Genres zählen Serien wie „Homeland" (2011–2020) und „Designated Survivor" (2016–2019). Besonders die Serie **House of Cards**, die von 2013 bis 2018 lief, erfreute sich großer Beliebtheit. Wie gut kennst du dich mit dem Inhalt der Serie aus? Finde den Lösungsweg, indem du alle Aussagen vom Start bis ins Ziel richtig bewertest.

Wenn du alles richtig eingeschätzt hast, verraten dir die passierten Buchstaben den Titel einer actionreichen Polit-Thriller-Serie von 2023.

_ _ _   _ _ _ _ _

_ _ _ _ T

Start

T Die Serie spielt vorwiegend in Boston.

Nein

H In der Eröffnungsszene tötet Frank Underwood einen angefahrenen Hund.

Ja

E Franks ebenfalls machtbesessene Ehefrau Claire gründet die Wohltätigkeitsorganisation „Clean Water Initiative".

Ja

N Doug Stampers Loyalität gegenüber Frank bröckelt im Verlauf der Serie.

H

Der Milliardär Raymond Tusk ist ein enger Vertrauter von Frank.

T

Claire Underwood erwägt, sich von Frank scheiden zu lassen.

G

Der Kongressabgeordnete Peter Russo spielt in der dritten Staffel eine zentrale Rolle.

A

Am Ende von Staffel 3 wird Frank Präsident der Vereinigten Staaten.

I

Frank wird für den Mord an der Journalistin Zoe Barnes verhaftet.

G

Wegen Missbrauchsvorwürfen gegen Kevin Spacey wurde seine Figur Frank aus der letzten Staffel herausgeschrieben – Frank starb den Serientod.

E

Claire Underwood wird zur ersten Präsidentin der Vereinigten Staaten gewählt.

N

Ziel

Verbrechen in Serie

Das Verbrechen schläft nie! Das zeigt sich besonders eindrucksvoll an zwei äußerst langlebigen Kriminalserien: In **Criminal Minds** werden seit 2005 von Profilern der Behavioral Analysis Unit des FBI Serienverbrecher gejagt, wodurch die Serie es auf 17 Staffeln bringt (Stand 2024). Noch länger läuft die Serie **Navy CIS**, in der ein Team von Spezialagenten Kriminalfälle innerhalb der U.S. Navy und des U.S. Marine Corps untersucht.

Aber wie viele Staffeln gibt es von dem beliebten **Serien-Dauerbrenner** (Stand Ende 2024)? Die Antwort liefert dir das folgende Sudoku! Trage dazu in jedes Feld eine der Ziffern 1 bis 9 so ein, dass in jeder Zeile, jeder Spalte und jedem 3 x 3-Quadrat jede der Ziffern genau einmal vorkommt. Die Zahlen in den farbigen Kästchen ergeben die Lösung.

5		1	2			8		
						3	7	
	9	2					4	
8	7			5		4	9	
	4	9			7		2	8
	1			4		6	3	
					9			4
			4				1	
	2		7	1	3			

Lösung: ___ ___ Staffeln

Welche Serie ist es?

Wer „Criminal Minds“ und „Navy CIS“ sagt, der muss auch … ups, beinahe hätten wir uns verplappert. Findest du anhand der Zuschauer-Bewertungen heraus, welche Serie gemeint ist?

★★★★★

Ein Meilenstein unter den Krimiserien!

Die Kombination aus forensischer Präzision und spannenden Fällen hat mich von der ersten Folge an gefesselt. Die Charaktere sind tiefgründig und man fiebert mit jedem von ihnen mit – besonders Gil Grissoms scharfsinnige und ruhige Art ist einfach klasse!

★★★★★

Eine meiner Lieblingsserien

Die Liebe zum Detail und die genial konstruierten Fälle sind schlichtweg brillant. Jede Folge ist ein Rätsel, das einen in eine neue Welt der Forensik entführt – und dabei bleibt es immer spannend! Einfach eine tolle Mischung aus Teamdynamik, moralischen Dilemmata und wissenschaftlicher Genauigkeit.

★★

Nicht so meins

Also, ich verlier da echt langsam den Faden. Wo soll’s denn jetzt bitte spielen? Vegas? Miami? New York? Sollen sie doch gleich ’ne Staffel in Wanne-Eickel drehen. Ganz ehrlich: Die Serie wird dem Hype nicht wirklich gerecht.

Lösung:

___ ___ ___

Alles außer gesetzestreu

Nachschlag in Sachen Kriminalität mit einer **Extraportion Nervenkitzel** gefällig? Kein Problem, denn an Serien in diesem Genre mangelt es nicht! Im folgenden Silbenrätsel verstecken sich zehn von ihnen. Bilde aus den Silben die Titel und ordne sie den Beschreibungen zu.

son	cos	The	bal	Dex	Black
list	of	tive	Kil	Men	Eve
True	ta	ter	te	Nar	Per
tec	Han	zark	go	rest	Far
ling	ni	In	De	O	The
list					

1 Ein forensischer Blutanalyst bei der Polizei von Miami ist gleichzeitig Serienmörder.

_ _ X _ _ _

2 In jeder Staffel stehen neue Ermittler im Fokus, die brutale Verbrechen aufklären und die oft moralische Konflikte mit sich austragen (müssen).

_ _ _ _   _ _ _ E _ _ _ _ _

3 Der ehemalige Betrüger Patrick Jane verfügt über außergewöhnliche Beobachtungs- und Manipulationsfähigkeiten.

_ _ _   M _ _ _ _ _ _ _ _

4 Raymond Reddington stellt sich dem FBI und bietet ihm eine Liste gefährlicher Krimineller an, die nur er fassen kann.

_ _ _   _ _ _ C _ _ _ _ _

5 Der mysteriöse Milliardär Harold Finch hat eine KI entwickelt, um Verbrechen vorherzusagen.

_ E _ _ _ _   _ _   I _ _ _ _ _ _ _

6 FBI-Profiler Will Graham spürt Serienmörder auf und pflegt eine komplexe Beziehung zu einem Psychiater, der ein kannibalistischer Serienmörder ist.

_ _ _ _ _ B _ _

7 Aufstieg und Fall des berüchtigten kolumbianischen Drogenbarons Pablo Escobar.

_ _ R _ _ _

8 Der Finanzberater Marty Byrde muss für ein mexikanisches Drogenkartell Geld waschen.

_ _ _ _ K

9 Tödliches Katz-und-Maus-Spiel zwischen der Agentin Eve Polastri und der psychopathischen Profikillerin Villanelle.

_ _ _ _ _ _ G   _ _ _

10 Inspiriert vom gleichnamigen Film der Coen-Brüder. Erzählt werden Kriminalgeschichten, die in der Kleinstadt-Idylle des Mittleren Westens spielen.

_ _ _ G _

Back to the 90s

Von den aktuellen Krimi- und Thriller-Serien springen wir jetzt zu kultigen Klassikern! Hier suchen wir drei **TV-Serienhits der 90er**. Kannst du die Bilderrätsel knacken und die Serientitel erraten?

1 Ein Mafia-Boss schlägt sich mit beruflichen und persönlichen Problemen herum.

T = OP
D = OS

The _ _ _ _ _ _ _ _

2 In einer Kleinstadt wird die 17-jährige Laura Palmer ermordet. FBI-Agent Cooper und Sheriff Truman ermitteln.

BE = TW

J = P
N = K

_ _ _ _   _ _ _ _ _

3 Polizei und Staatsanwaltschaft arbeiten in der am längsten laufenden US-Crime-Serie Hand in Hand.

MA = W

TT = RD

_ _ _ & _ _ _ _ _

Krimikult der 70er

Gehen wir noch mal zwei Dekaden zurück: In den 70ern starteten gleich mehrere Krimiserien, die bis heute viele Fans haben. Um sechs von ihnen geht es im folgenden Quiz. Was weißt du über **Derrick, Columbo & Co.**?

1 Wie heißt Oberinspektor Derrick, der von 1974 bis 1998 bei seiner Arbeit verfolgt werden konnte, mit Vornamen?

- **a** Harry **M**
- **b** Stephan **Q**
- **c** Dieter **F**

2 „Der Alte" ermittelt seit 1977 – doch der erste starb 1986 an einer Schussverletzung. Wie hieß er?

- **a** Rolf Herzog **A**
- **b** Leo Kress **N**
- **c** Erwin Köster **U**

3 Zwischen 1968 und 2003 brillierten in „Columbo" zahlreiche Gaststars neben Peter Falk. Wer gehörte nicht dazu?

- **a** Faye Dunaway **W**
- **b** Johnny Cash **S**
- **c** Anthony Perkins **I**

4 Wer spielte von 1973 bis 1978 den New Yorker Polizisten Theodoros Kojak?

- **a** Telly Savalas **N**
- **b** Martin Sheen **H**
- **c** Peter Sellers **A**

5 Karl Malden ermittelte von 1972 bis 1977 in den Straßen von San Francisco. Wie lautete sein Serienname?

- **a** Dan Robbins **P**
- **b** Steve Heller **E**
- **c** Mike Stone **C**

6 Zu den Drei Engeln für Charlie von 1976 gehörte Jill Munroe, dargestellt von …?

- **a** Farrah Fawcett **Y**
- **b** Kate Jackson **I**
- **c** Jodie Foster **U**

Alles gelöst? Dann ergeben die Lösungsbuchstaben den Titel einer weiteren legendären Krimiserie, die 1976 zum ersten Mal ausgestrahlt wurde.

1	2	3	4	5	6

... und Action!

In den bisher genannten Krimi- und Thriller-Serien geht's in Sachen Nervenkitzel schon hoch her – bei **Action-Serien** wird in puncto Explosionen, Faustkampf und Schusswaffengebrauch aber noch mal eine ordentliche Schippe draufgelegt. Nichts für schwache Nerven! Fünf dieser Serien sind in dem folgenden Rätsel versteckt. Wenn du die Geheimcodes knackst, findest du heraus, welche es sind.

1 CIA-Analyst: vom Schreibtischhengst zum Geheimagenten

DUWE LSUH _ _ _ _   _ _ _ _

2 US-amerikanische Comicadaption des gleichnamigen DC-Helden

ULLIQ _ _ _ _ _

3 Erzählt die Geschichte des Wikingers Ragnar Lothbrok und seines Clans

PCECHAM _ _ _ _ _ _ _

4 Action-Serie mit den ungleichen Polizisten Martin Riggs und Roger Murtaugh

FYNBUF QYUJIH _ _ _ _ _ _   _ _ _ _ _ _

5 Action-Dramaserie rund um die Machenschaften eines Motorradclubs

MIHM IZ UHULWBS _ _ _ _   _ _   _ _ _ _ _ _ _

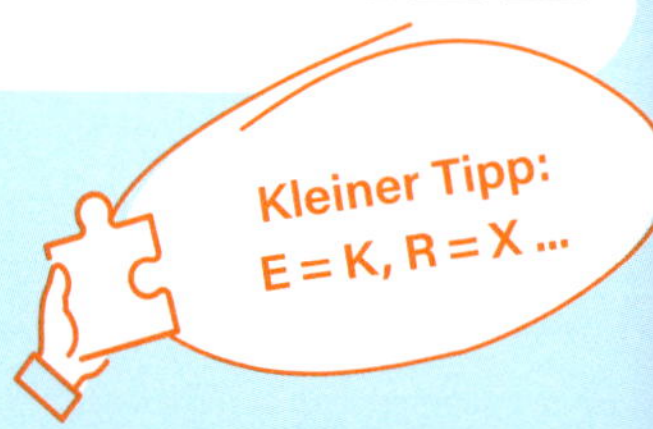

Action à la Marvel

Das Marvel-Universum sorgt nicht nur im Kino für Action: Mittlerweile gibt es (Stand Ende 2024) insgesamt 21 verschiedene Serien, die im gleichen Universum wie die Filme des Marvel Cinematic Universe (MCU) spielen, Charaktere aus den Filmen weiterentwickeln oder kommenden Blockbustern vorwegnehmen. Kannst du die folgenden Serien in die richtige zeitliche Reihenfolge ihrer Starttermine bringen, beginnend mit der ältesten?

☐	Cloak & Dagger	R
☐	Loki	E
☐	Moon Knight	L
☐	Daredevil	S
☐	WandaVision	V
☐	Luke Cage	M2
1	Agents of S.H.I.E.L.D.	M1
☐	The Defenders	A

Das Lösungswort verrät dir den Titel einer Marvel-Action-Serie, die 2022 startete.

1 M | 2 _ . 3 _ | 4 _ | 5 _ | 6 _ | 7 _ | 8 _

So 80er!

Wir runden dieses actiongeladene Kapitel mit kultigen **Action-Serien der 80er** ab. Wie gut du dich damit auskennst, kannst du hier mit kniffligen Fragen herausfinden. Leg am besten vorher noch 'ne Michael-Jackson-Kassette in den Walkman, schaden kann's nicht!

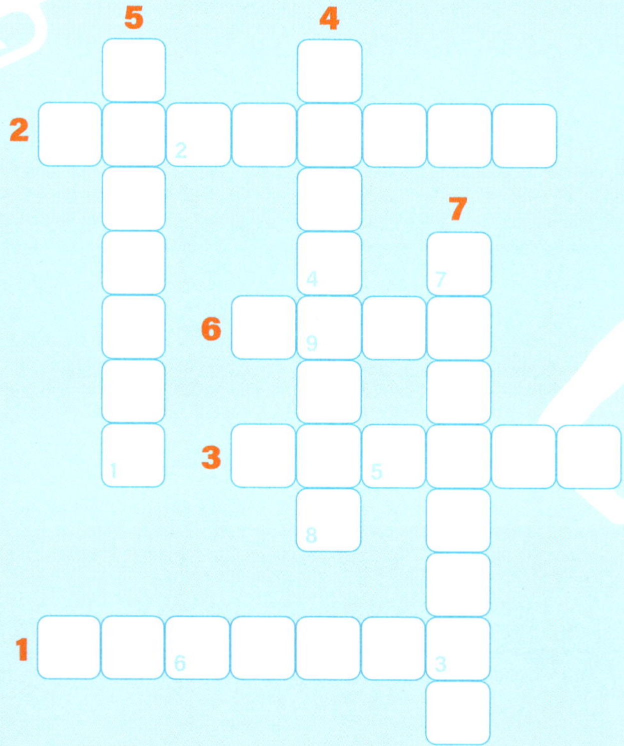

1 In welchem US-Bundesstaat spielt die Serie „Miami Vice“ mit Frauenschwarm Don Johnson als Sonny Crockett?

2 Pamela Anderson und David Hasselhoff im knappen, roten Badeoutfit als Rettungsschwimmer am Strand von Malibu – wie heißt die Kultserie?

3 Schnauzbart, bunte Hawaiihemden und markanter Charme, der Frauenherzen schmelzen ließ – wie heißt die Serie rund um den von Tom Selleck gespielten Privatdetektiv und seine Freunde Higgins, TC und Rick?

4 Vier Vietnamveteranen jagen als Söldner mit ihrem schwarzen GMC-Van Verbrecher und helfen Menschen in Not. Dabei sind sie selbst auf der Flucht vor der Militärpolizei. Wie heißt der Chef dieses „A-Teams“?

5 Welche Teri, die später unter anderem in „Desperate Housewives“ zu sehen war, spielte in „MacGyver“ die Rolle der Penny Parker?

6 „Er kommt. Knight Rider. Ein Auto, ein Computer, ein Mann.“ Wie heißt der legendäre sprechende Pontiac Firebird Trans Am des Ex-Polizisten Michael Knight, gespielt von David Hasselhoff in der Serie „Knight Rider“?

7 Welchen Beruf übte Colt Seavers, gespielt von Lee Majors, in der Serie „Ein Colt für alle Fälle“ u. a. aus?

Hilfe gefällig?
Beantworte die folgende Frage zuerst und übertrage die Buchstaben ins Kreuzworträtsel.

Mit „The Fall Guy“ erschien 2024 ein Remake von „Ein Colt für alle Fälle“. In die Rolle des Colt Seavers schlüpfte dazu ein Hollywood-Superstar, bekannt aus Filmen wie „La La Land“, „Barbie“ und „Aufbruch zum Mond“. Wie heißt er?

1	2	3	4		5	6	7	8	9	4	5

Crime & Action errätselt?

Nachdem du dich nun durch die spannungsgeladene Welt der Crime- und Action-Serien gerätselt hast, kannst du hier abschließend checken, wie fit du in diesem Bereich bist und was du gelernt hast.

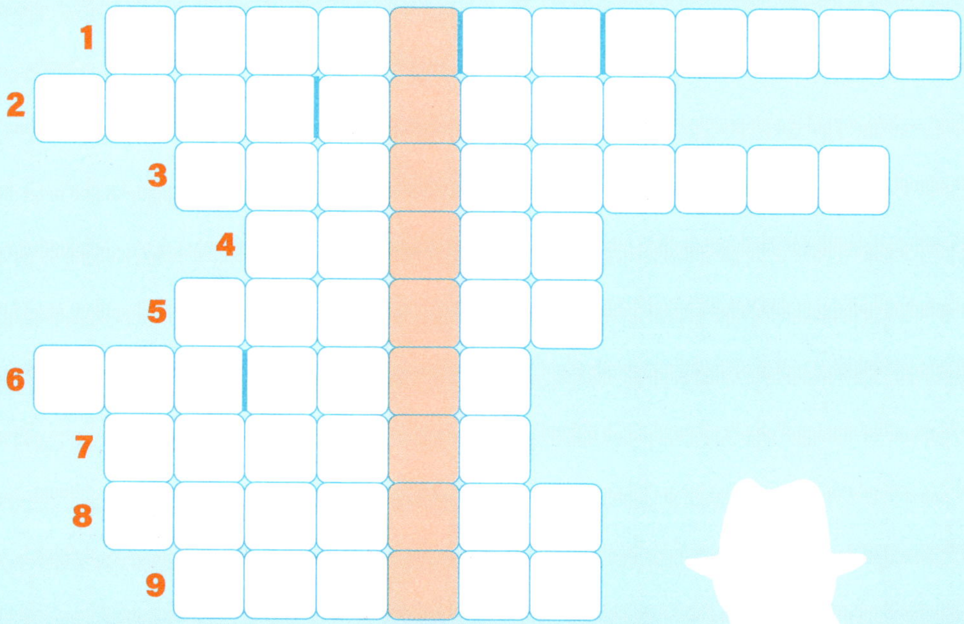

Check dein Wissen!

1 Wie heißt die beliebte Polit-Thriller-Serie rund um Frank Underwood und seine ebenso machtbesessene Frau Claire?

2 Wie wird das Crime-Subgenre genannt, das sowohl mit Spannung als auch mit viel Humor punktet?

3 Wie heißt die von 2012 bis 2019 ausgestrahlte Sherlock-Holmes-Adaption?

4 Wie lautet der Name einer 9 Staffeln umfassenden Anwaltsserie von 2011?

5 Eine beliebte von 2004 bis 2008 produzierte Anwaltsserie heißt ... Legal.

6 Wie lautet der Titel der Serie, in der Erwin Köster von 1977 bis 1986 ermittelte?

7 Welches „Universum" bietet sowohl Filme als auch 21 verschiedene Serien?

8 Welche deutsche Serie, die im Berlin der 1920er-Jahre spielt, wurde 2017 erstmals ausgestrahlt? ... Berlin

9 Wie heißt der Serienmörder, der bei der Polizei von Miami angestellt ist?

Drama & Romance

Romantische Verflechtungen, brodelnde Emotionen, dramatische Wendungen, Herzschmerz und vieles mehr: Auf den folgenden Seiten rätseln wir uns durch die emotionale Welt der Drama- und Romance-Serien.

Von schnulzig bis dramatisch

Eines haben die Serien im Bereich **Drama & Romance** gemeinsam: Emotionen – und davon ganz schön viele! Unterschiede gibt's im Setting: Manche von ihnen spielen im Krankenhaus, bei anderen bilden historische Gegebenheiten den Handlungsrahmen, bei einigen stehen Romantik und Herzschmerz im Vordergrund, während es bei anderen eher dramatisch und vom Stoff her durchaus auch mal düsterer zugeht. Zum Eingrooven geht's in diesem Rätsel um sechs dieser Serien, denen wir uns später auch noch genauer widmen. Kannst du sie den Symbolen zuordnen?

1

2

3

4

5

6

THE CROWN ▪ GREY'S ANATOMY ▪ MAD MEN ▪ DOWNTON ABBEY ▪ VIRGIN RIVER ▪ GILMORE GIRLS

God Save the Queen

Drama, Romantik – und das alles in historischem Kontext: **The Crown** verbindet das alles zu einem mitreißenden, sechs Staffeln starken Serienerlebnis über das Leben von Queen Elizabeth II. und die britische Monarchie. Kein Wunder, dass die Serie Millionen Fans weltweit fand und mehrfach bei den Emmys und den Golden Globes absahnte. Kannst du die folgenden Serien-Ereignisse in die richtige Reihenfolge bringen?

☐	Camilla Shand, die spätere Ehefrau von Prinz Charles, heiratet Andrew Parker Bowles.	**U**
1	Prinzessin Elizabeth heiratet Philip Mountbatten.	**S**
☐	Prinz Charles und Prinzessin Diana lassen sich scheiden.	**T_2**
☐	Prinzessin Margaret heiratet Antony Armstrong-Jones.	**A**
☐	Prinzessin Margaret stirbt mit 71 Jahren, wenige Wochen vor dem Tod ihrer Mutter Queen Mum.	**N_2**
☐	Diana stirbt bei einem tragischen Autounfall.	**O**
☐	König George VI. stirbt, Elizabeth wird unerwartet Königin.	**T_1**
☐	Prinz Charles heiratet Diana Spencer.	**N_1**

Das Lösungswort verrät dir den Namen der Schauspielerin, die ab Staffel 5 die Rolle von Queen Elizabeth II. verkörperte – auch bekannt aus Rollen in „Downton Abbey“ und Harry-Potter-Filmen.

Imelda | 1 S | 2 | 3 | 4 | 5 | 6 | 7 | 8 |

Hits mit Historie

The Crown ist nicht die einzige Serie, die in einen **historischen Rahmen** gebettet ist. In diesem Rätsel suchen wir vier weitere Exemplare, die in geschichtsträchtigem Setting spielen. Um die Titel zu erraten, schau dir die Legende an, finde das versteckte Alphabet und entschlüssle die Symbole.

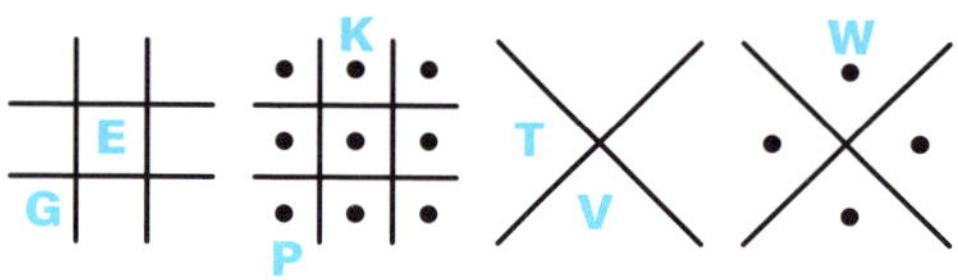

1 **Eine Hausfrau entdeckt in den späten 1950er-Jahren ihr Talent für Stand-up-Comedy.**

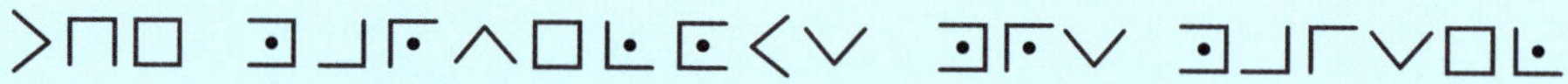

2 **Die junge Elizabeth mischt in den 1950er-Jahren die von Männern dominierte Schachwelt auf.**

3 **Jane Austen trifft auf Gossip Girl.**

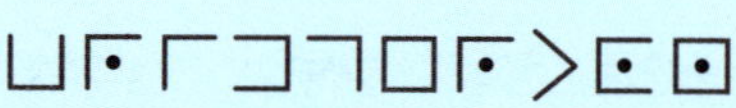

4 **Diese Serie basiert auf dem Roman „Anne auf Green Gables" von Lucy Maud Montgomery.**

Very british

Es bleibt historisch: Zu den erfolgreichsten Dramaserien mit geschichtlichem Hintergrund gehört **Downton Abbey**. Von Erbstreitigkeiten über verbotene Liebe bis hin zu Krieg, Pandemie und Krankheiten passiert in der von 2010 bis 2015 ausgestrahlten Serie alles, was die höfische Etikette durcheinanderwirbelt. Aufgrund des großen Erfolgs folgten noch zwei Filme, ein dritter ist geplant. Was weißt du über die Serie?

1 Wie lautet der Name der Adelsfamilie, die im Mittelpunkt der Serie steht?

- **a** Familie Crawley **B**
- **b** Familie Grantham **C**
- **c** Familie Branson **M**

2 Welches Ereignis fällt in die Zeit, in der die Serie spielt?

- **a** Der Zweite Weltkrieg **O**
- **b** Cholera-Pandemie **E**
- **c** Untergang der Titanic **A**

3 Wie heißt die strenge, aber großherzige Haushälterin, die im Laufe der Serie eine Beziehung mit dem Butler eingeht?

- **a** Mrs. Hughes **R**
- **b** Mrs. Patmore **T**
- **c** Mrs. Bates **S**

4 Welche Figur hat ein Geheimnis aus der Vergangenheit?

- **a** Mr. Carson **E**
- **b** Mr. Bates **R**
- **c** Lady Mary **S**

5 Wie steht Lady Sybil gesellschaftlich zu Tom Branson, als sie sich in ihn verliebt?

- **a** Sie ist seine Cousine. **E**
- **b** Sie ist seine Nachbarin. **S**
- **c** Sie ist seine Arbeitgeberin. **O**

6 Wer glänzte in der Rolle der Violet Crawley, Dowager Countess of Grantham?

- **a** Imelda Staunton **N**
- **b** Penelope Wilton **E**
- **c** Maggie Smith **W**

Alles gelöst? Dann ergeben die Lösungsbuchstaben den Namen des ersten Dieners auf Downton, der mit seiner engen Verbündeten O'Brien, der Dienerin der Countess of Grantham, eine Reihe von Intrigen spinnt.

Thomas | 1 | 2 | 3 | 4 | 5 | 6 |

Werbung, Affären & Intrigen

Nun springen wir ein paar Jahrzehnte nach vorn. Die hier gesuchte Dramaserie, die von 2007 bis 2015 lief, spielt in den 1960ern in einer **New Yorker Werbeagentur**. Den Serientitel liefert dir das folgende Sudoku. Trage in jedes Feld einen der Buchstaben A, D, E, M und N so ein, dass in jeder Zeile, jeder Spalte und jedem 5er-Kästchen jeder Buchstabe genau einmal vorkommt.

M	A	[5]		D
	N	[1]		
[2]			[3]	
			[4]	N
[6]	M		E	

Lösung:

1	2	3		4	5	6

Das ist Leben

Zeit für Familie: Die eine Serie (2016–2022) porträtiert das turbulente **Familienleben der Pearsons** über die Jahrzehnte hinweg. Bei der anderen Serie (2010–2015) steht die **Großfamilie Braverman** im Fokus – zwei der Geschwister wurden übrigens von Peter Krause („Six Feet Under") und Lauren Graham („Gilmore Girls") gespielt, die im echten Leben lange ein Paar waren. Um die Serientitel zu erräten, suche den ersten Buchstaben in einer der Ecken und dann die richtigen Anschlussbuchstaben, bis du beim letzten Buchstaben im Mittelkreis angekommen bist.

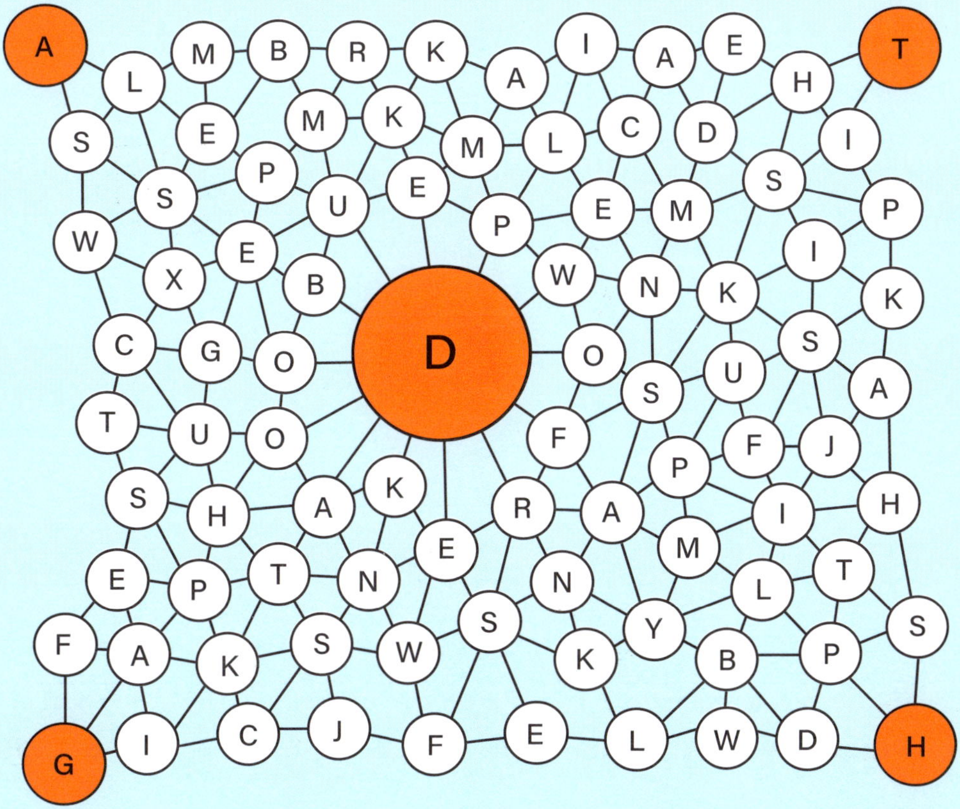

Lösung: **1** _ _ I _   _ _   U _

2 P _ _ _ _ T _ _ _ _

XOXO

Auch die 2000er und 2010er-Jahre haben viel Drama zu bieten, wie die Serie **Gossip Girl** (2007–2012) eindrucksvoll beweist. Hier zeigt die Upper East Side, dass Geld zwar nicht glücklich macht, aber jede Menge Tragik liefert! Reiche Teens werfen mit Skandalen, Intrigen und Designerklamotten um sich – und eine mysteriöse Bloggerin plaudert ihre schmutzigen Geheimnisse aus.

Im folgenden Rätsel findest du sieben Hauptfiguren der Serie und deren Darsteller. Verbinde die Namenspaare durch Linien. Die Linien dürfen nur waagerecht und senkrecht gezeichnet werden und sich nicht kreuzen.

Serena					Blake Lively	Blair	Dan
		Penn Badgley		Nate			
	Chuck	Chace Crawford		Ed Westwick		Rufus	
				Kelly Rutherford	Leighton Meester		
	Lily	Matthew Settle					

Gestorben wird immer

Noch nicht genug Drama, Baby? Kein Problem: Hier suchen wir zwei **düstere Drama-Serien**, in denen der Tod eine tragende Rolle spielt. Einmal geht es um viele, viele Leichen und einmal um die mysteriöse Kassette einer Selbstmörderin. Um die Titel zu erfahren, folge dem Labyrinth, sammle die Symbole ein und entschlüssle den Code.

Lösung:

1 _ _ _ _ _ _ _ _ _ _ _ _

2 _ _ _ _ _ _ _ _ _ _ _ _ _ _ _ _ _ _

_ _ _ _ _

Modern Stalking

Wer neben Drama auch **ein bisschen Mystery** im Handlungsgemisch mag, liegt mit der hier gesuchten Serie genau richtig. Leichen gibt's ebenfalls – vor allem in den Kellern der Protagonistinnen. Im Fokus stehen vier Teenagerinnen, die sich mit einem mysteriösen Stalker herumplagen müssen, der alles über ihre dunkelsten Geheimnisse zu wissen scheint. Kannst du das Bilderrätsel knacken und den Titel errätseln?

KA = LI
Z = TL

K = PR
E_2 = Y

M = LI
U = R

Zu Besuch in Stars Hollow

Drama geht auch humorvoll, wie **Amy Sherman-Palladino**, auch bekannt durch Serien wie „The Marvelous Mrs. Maisel" und „Roseanne", mit ihren Gilmore Girls beweist! Im Mittelpunkt stehen die alleinerziehende Mutter Lorelai Gilmore und ihre Tochter Rory. Lorelais Beef mit ihrer High-Society-Mutter Emily, Rorys Liebesdramen und die kuriosen Nachbarn sorgen für rasante Dialoge und viele Lacher. Kannst du die folgenden Serien-Zitate erraten?

BÜCHER ▪ DER ▪ EINE ▪ EINE ▪ ES ▪ ESSEN ▪ FALSCH ▪ HABEN ▪ ICH ▪ ICH ▪ IN ▪ IST ▪ IST ▪ KUCHEN ▪ LEBE ▪ MÖCHTE ▪ NICHT ▪ RECHT ▪ WELT ▪ WELTEN ▪ WENN ▪ ZU ▪ ZWEI

1 „_ _ _ N _ _ _ _ L _ _ _
_ S _ , _ U _ _ _ _ _ _
_ _ S _ _ , _ _ _ _ _ _
_ _ _ _ _ _ _ _ R _ _ _ _
_ _ _ _ _."

Lorelai

2 „_ _ _ _ _ B _ _ _ _ _ _ I
_ E _ _ _ _ , _ _ _ _ _ _ _
_ I _ _ _ _ _ T _ _ _
_ _ _ _ _ R."

Rory

Love is in the air

Genug Drama, jetzt gibt's etwas fürs Herz – wir wenden uns den **Romance-Serien** zu! Zum Warmwerden stellen wir dir hier drei Serien vor. Findest du heraus, um welche es sich handelt?

A

» Abby O'Brien kehrt nach Jahren in ihre Heimatstadt zurück und wird von Familie und alten Gefühlen überwältigt.

» Ihre Schwestern streiten, ihr Vater hat Bauprojekte, ihre Mutter taucht unerwartet auf – und Ex-Freund Trace bietet eine zweite Chance für die Liebe.

» In der Serie (2016–2022) spielte Treat Williams, der 2023 verstarb, Mick O'Brien. Er hatte auch eine Hauptrolle in der unter C gesuchten Serie.

Lösung:

_ _ _ _ _-

P _ _ _ _

_ _ O _ _ _

B

» Die drei besten Freundinnen Maddie, Dana Sue und Helen leben in Serenity und stehen sich bei.

» Gemeinsam eröffnen sie ein Spa, heilen gebrochene Herzen und schlichten Streitigkeiten.

» Die Serie läuft seit 2020.

Lösung:

_ _ ß _

_ _ G _ _ _ _ _ _

C

» Nach dem Tod seiner Frau zieht der brillante, aber überforderte Chirurg Dr. Andrew Brown mit seinen beiden Kindern in ein verschlafenes Nest in Colorado.

» Während Andrew versucht, als Kleinstadtarzt neu anzufangen, kämpft sein Sohn Ephram mit Teenagerdramen, erster Liebe und seinem schwierigen Verhältnis zu seinem Vater.

» Die Serie wurde von 2002 bis 2006 ausgestrahlt.

Lösung:

_ _ _ _ W _ _ _

Neues Leben, neues Glück

Bereit für weitere romantische Verwicklungen? In den hier gesuchten drei Serien steht jeweils eine Hauptfigur aus dem **medizinischen Sektor** im Fokus, die ihren bisherigen Lebensmittelpunkt verlassen hat und ihr Glück in der Fremde sucht. Findest du heraus, um welche Serien es geht? Bilde aus den Silben die Serientitel und ordne sie der passenden Beschreibung zu.

gin	ge	las	rech	Ri
Vir	Aus	ka	A	Hart
xie	net	of	ver	Di

1 Mel Monroe, eine Krankenschwester mit gebrochenem Herzen, zieht von Los Angeles in eine idyllische Kleinstadt im Norden Kaliforniens, um neu anzufangen. Statt Frieden gibt's komplizierte Patienten und Jack, einen Barbesitzer mit eigenen Problemen. Die Rolle des Arztes Brick Breeland verkörpert Tim Matheson – er spielt auch in der unter 2 gesuchten Serie einen Arzt.

_ _ _ _ _ _   _ _ _ _ _

2 Großstadtärztin Zoe Hart wird in das verschlafene Bluebell katapultiert, um eine Praxis zu übernehmen. Statt Hightech-Medizin gibt's hier aber mehr Alligatoren als MRTs und viel Südstaaten-Charme.

_ _ _ _   _ _   _ _ _ _ _

3 Der junge und hochmotivierte Arzt Dr. Joel Fleischman wird gezwungen, das Stipendium für sein Medizinstudium in Cicely, einem provinziellen Nest in der Wildnis von Alaska, abzuarbeiten. Die hübsche Pilotin Maggie und die eigenwilligen Dorfbewohner treiben den Großstadtneurotiker so manches Mal an den Rand des Wahnsinns.

_ _ _ _ _ _ _ _ _ _ _ _   _ _ _ _ _ _

Hallo, Onkel Doc!

Von den Landarztpraxen springen wir in den Klinikalltag! In diesem Rätsel verstecken sich drei beliebte **Krankenhausserien**. Um sie zu erräten, beginne mit dem markierten Buchstaben und finde den Weg durch das Gitter, du kannst waagerecht und senkrecht gehen.

G	R	N	A	M	O	O	R
E	E	A	T	O	N	C	Y
S	Y	S	D	M	E	G	R
U	O	H	R	Y	E	M	E

1 Ein ebenso genialer wie unkonventioneller Diagnostiker mit der Sozialkompetenz eines Kaktus.

_ _. _ _ _ _ _

2 Ärztin Meredith und ihre Mitstreiter kämpfen mit komplizierten OPs und chaotischen Liebesgeschichten. Mit „Private Practice“ gab's 2007 ein Spin-off.

_ _ _ _'_ _ _ _ _ _ _ _

3 Der hektische Alltag im Notaufnahme-Bereich eines Chicagoer Krankenhauses.

_ _ _ _ _ _ _ _ _ _ _ _ _

Doc mit Inselbegabung

Wir bleiben im Krankenhaus und wenden uns der beliebten Serie **The Good Doctor** zu, von der seit 2017 sieben Staffeln ausgestrahlt wurden. Bist du ein Fan der Serie und kannst die Lücken errätseln?

Die Serie dreht sich um den jungen Chirurgen Dr. Shaun

						,
5	10	8	11	12	13	

der von einer beschaulichen Kleinstadt nach San Jose zieht, um im renommierten San Jose St. Bonaventure Hospital als Assistenzarzt zu arbeiten.

Shaun leidet am Savant-Syndrom, einer Sonderform von

								,
4	10	7	14	6	5	10	6	

und tut sich daher schwer im sozialen Umgang mit Kollegen und Patienten. Aufgrund seiner Inselbegabung verfügt er aber über brillante medizinische Fähigkeiten. Im Verlauf der Serie meistert er nicht nur komplexe medizinische Fälle, sondern wächst auch persönlich und entwickelt enge zwischenmenschliche Beziehungen.

Die Hauptrolle spielt der britische Schauspieler Freddie Highmore, der u. a. bereits an der Seite von

15	16	12	1	1	13		9	2	11	11

im Film „Charlie und die Schokoladenfabrik" zu sehen war.

Auch der Schöpfer der Serie ist kein Unbekannter: David Shore schuf u. a. die Krankenhausserie Dr. House.

Alles gelöst? Dann verrät dir das Lösungswort den Namen einer weiteren beliebten Krankenhausserie rund um Dr. Max Goodwin, dem neuen ärztlichen Direktor in Amerikas ältestem öffentlichen Krankenhaus.

1	2			4	5	6	7	2	8	9	4	5

Von Mutter Beimer bis Jo Gerner

Nach den Hits aus England und den USA geht es jetzt mit **Serien aus Deutschland** weiter – und auch da fehlt es nicht an Drama, Herz und Romantik! Wie gut du dich damit auskennst, kannst du hier mit kniffligen Fragen herausfinden.

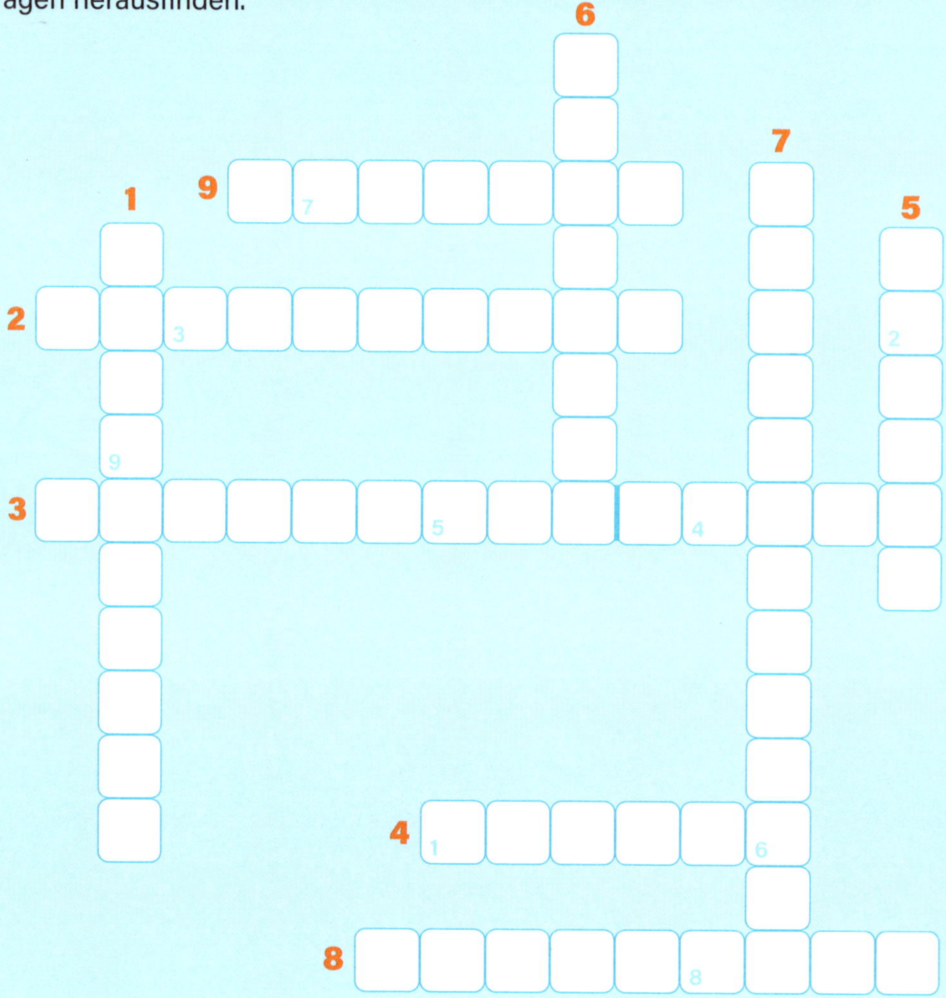

1 Mit mehr als 7500 Folgen ist die 1994 gestartete Serie „Unter Uns“ eine der erfolgreichsten Vertreterinnen welches Serien-Genres? Wir suchen den deutschen Begriff!

2 Diese seit 2009 laufende Serie wurde zunächst unter dem Namen „Die Bergwacht“ ausgestrahlt. 2012 wurde der Name geändert in „Die ...“.

3 Jan und Julia verlieben sich – wissen aber nicht, dass sie Geschwister sind. Mit diesem Handlungsstrang beginnt welche Serie?

4 Wie lautet der Nachname der Schauspielerin, die in der „Lindenstraße“ von der ersten bis zur letzten Folge, also von 1985 bis 2020, Mutter Beimer spielte?

5 Welchen Spitznamen trug die Figur, die Katy Karrenbauer in „Hinter Gittern“ verkörperte?

6 Welches Lied von Take That wird als Titelmelodie für den „Bergdoktor“ verwendet?

7 Wie heißt das fiktive Krankenhaus in Leipzig, in dem die beliebte Serie „In aller Freundschaft“ spielt?

8 Seit 1992 läuft „Gute Zeiten, schlechte Zeiten“ – und ist damit die älteste noch täglich gesendete Serie im deutschen TV. Für viele junge Schauspielerinnen und Schauspieler war die Serie ein Karrieresprungbrett, zum Beispiel für Alexandra Neldel, Jeanette Biedermann und welchen Oliver, der mit „Flugzeuge im Bauch“ einen Charthit hatte?

9 Welche deutsche Serie (Start: 2017) spielt in einem berühmten Berliner Krankenhaus?

Hilfe gefällig?
Beantworte die folgende Frage zuerst und übertrage die Buchstaben ins Kreuzwortgitter.

Wie lautet der Titel einer deutschen Vorabendserie, die von 1992 bis 2011 ausgestrahlt wurde? Sie spielt in einem fiktiven Kölner Stadtteil.

1 2 3 4 5 6 7 8 9

Drama unter Palmen

Seit 1981 steuert das **Traumschiff** exotische Ziele an. Immer mit an Bord: eine bunte Mischung von Passagieren, eine nervenstarke Crew – und natürlich viel Konfliktstoff, Drama und Romantik. Regelmäßig sind auch prominente Nicht-Schauspieler mit an Bord, die mehr oder weniger mit schauspielerischem Talent gesegnet sind ... Elf von ihnen sind im folgenden Rätsel versteckt. Die Namen können horizontal, vertikal oder diagonal, vorwärts oder rückwärts eingetragen sein. Als Hilfestellung geben wir die Vornamen an. Findest du die Nachnamen?

W	C	A	R	P	E	N	R	A	L	E	R	F	W
S	I	K	O	A	C	E	Y	L	A	N	A	R	I
N	I	O	S	G	H	I	U	R	E	L	S	R	N
L	T	M	V	C	E	O	D	T	C	O	E	J	T
S	E	M	O	I	O	Z	R	M	A	B	U	S	E
W	R	P	U	N	R	N	O	E	R	E	W	B	R
A	B	E	H	R	E	I	F	A	M	U	R	B	S
R	U	D	A	E	T	T	E	R	R	A	G	G	C
O	R	A	C	O	F	Z	T	T	R	D	N	S	H
V	N	R	R	E	K	K	I	I	G	R	E	T	E
S	S	N	F	P	F	L	A	U	M	E	S	A	I
K	M	E	P	O	S	L	E	M	M	U	H	U	D
I	I	L	A	S	E	L	M	A	H	H	E	W	T
N	D	L	E	N	R	F	I	S	C	H	E	R	K

RICCARDO • CATHY • OLIVER • VICTORIA • BRUCE • DAVID • BÜLENT • JOKO MOTSI • KAI • HELENE

Kochende Emotionen

Wir bleiben bei Kultserien und widmen uns zum Kapitelfinale beliebten **US-Serien der 80er und 90er**, in denen die Dramatik regelrecht zelebriert wird. Mit diesem Rätsel findest du heraus, wie gut du die Kultserien kennst. Jeweils eine der vier genannten Figuren gehört nicht in die Serie – weißt du welche?

1 Der Denver Clan (1981–1989)

a Alexis Colby **E**
b Blake Carrington **T**
c Krystle Carrington **B**
d Sophia Cook **D**

2 Fackeln im Sturm (1985–1994)

a Madeline Vabray **H**
b Daphne Frank **A**
c Orry Main **O**
d George Hazard **F**

3 Falcon Crest (1981–1990)

a Maria Turner **L**
b Angela Channing **M**
c Chase Gioberti **I**
d Lorraine Prescott **N**

4 Beverly Hills, 90210 (1990–2000)

a Donna Martin **E**
b Steve Sanders **S**
c Elaine Green **L**
d Brandon Walsh **B**

5 Melrose Place (1992–1999)

a Amanda Woodward **K**
b Michael Mancini **W**
c Jake Hanson **R**
d Erica Hunt **A**

6 Dawson's Creek (1998–2003)

a Pacey Witter **E**
b Dwight Ackles **S**
c Joey Potter **L**
d Dawson Leery **Y**

Alles gelöst? Dann ergeben die Lösungsbuchstaben den Titel einer in Texas spielenden 80er-Serie, die zwischen 1978 und 1991 jeden Dienstagabend unzählige Fans begeisterte – ein echter Straßenfeger!

1	2	3	4	5	6

Drama und Romance erratselt?

Nachdem du dich nun durch die bunte Welt der romantischen und dramatischen Serien gerätselt hast, kannst du hier abschließend checken, wie fit du in diesem Bereich bist und was du gelernt hast.

Check dein Wissen!

1 Die Figur der Serena in der Serie „Gossip Girl“ wird gespielt von Blake ...

2 Wie heißt die erfolgreiche Serie, die die Geschichte von Königin Elizabeth II. erzählt?

3 Welcher verstorbene Schauspieler glänzte in Serien wie „Everwood“ und „Chesapeake Shores“?

4 Einer der vielen Gaststars, die an Bord des „Traumschiffs“ waren, ist Bruce ...

5 Die erfolgreiche Produzentin, die u. a. Serien wie „The Marvelous Mrs. Maisel“ und „Gilmore Girls“ erschaffen hat, heißt Amy ...-Palladino.

6 Welche Serie spielt in der Werbewelt der 1960er?

7 Die Ärztin Zoe Hart ist die Protagonistin welcher Serie?

8 Zu den erfolgreichsten Dramaserien, die vor historischer Kulisse spielen, zählt „Downton Abbey“ – wie heißt die Familie, die im Mittelpunkt der Serie steht?

9 Die beliebte Krankenhausserie rund um einen autistischen Arzt heißt „The Good ..."

SCIENCE-FICTION,
HORROR & FANTASY

Science-Fiction, Horror & Fantasy

Parallelwelten, dystopische Szenarien, wildgewordene Bestien, rätselhafte Vorkommnisse, Besuch aus dem Weltraum und vieles mehr: Auf den folgenden Seiten kannst du dich durch die dimensionsreiche Welt der Science-Fiction-, Horror- und Fantasy-Serien rätseln!

Nicht (ganz) von dieser Welt

In diesem Kapitel tauchen wir ein in die Tiefen der menschlichen Vorstellungskraft und die daraus entstandenen Genres. **Fantasy-Serien** legen den Fokus auf magische, fiktive Welten, mythische Elemente und übernatürliche Wesen. **Horror-Serien** thematisieren häufig das Übernatürliche, psychische Ängste und das Unbekannte. Bei **Science-Fiction-Serien** stehen Wissenschaft, Technologie und die Zukunft im Mittelpunkt. Und dann gibt es noch Serien, die diese Genres gekonnt vermischen. Kannst du die folgenden Serien ihrem Genre zuordnen?

	Fantasy	Horror	Science-Fiction
1 The Walking Dead	☐ V	☐ T	☐ H
2 Doctor Who	☐ A	☐ O	☐ H
3 Game of Thrones	☐ E	☐ N	☐ L
4 American Horror Story	☐ D	☐ A	☐ H
5 Battlestar Galactica	☐ W	☐ E	☐ R
6 Vampire Diaries	☐ K	☐ S	☐ N

Wenn du alles richtig beantwortest, ergeben die Buchstaben – von oben nach unten gelesen – den Titel einer Science-Fiction-Serie der „Stargate"-Macher, die 2023 startete.

1 ☐ 2 ☐ 3 ☐ 4 ☐ 5 ☐ 6 ☐

Unendliche Weiten

Wir entern die Science-Fiction-Welt mit einem Klassiker: In **Star Trek** düsen seit 1966 Crews der Sternenflotte über die Bildschirme, um in der Galaxie Frieden, Forschung und Diplomatie zu fördern. Im Fokus stehen mutige Besatzungen, spannende Missionen und der Kontakt mit fremden Spezies. In diesem Rätsel widmen wir uns diversen Serien aus dem Star-Trek-Universum. Welcher Kapitän steuerte in welcher Serie das Raumschiff?

- ◯ The Next Generation (1987–1994)
  Raumschiff: USS Enterprise (NCC-1701-D)
- ◯ Raumschiff Voyager (1995–2001)
  Raumschiff: USS Voyager (NCC-74656)
- ◯ Strange New Worlds (seit 2022)
  Raumschiff: USS Enterprise (NCC-1701)
- ◯ The Original Series (1966–1969)
  Raumschiff: USS Enterprise (NCC-1701)
- ◯ Deep Space Nine (1993–1999)
  Raumschiff: USS Defiant (NX-74205)
- ◯ Enterprise (2001–2005)
  Raumschiff: Enterprise (NX-01)
- ◯ Discovery (2017–2024)
  Raumschiff: USS Discovery (NCC-1031)

- Benjamin Sisko **I**
- Christopher Pike **O**
- Jean-Luc Picard **P**
- Gabriel Lorca (1. Staffel) **Y**
- Jonathan Archer **G**
- Kathryn Janeway **R**
- James T. Kirk **D**

Alles zugeordnet? Dann ergeben die Buchstaben von oben nach unten gelesen den Titel einer animierten Serie aus dem Star-Trek-Universum von 2021.

__ __ __ __ __ __ __

Überleben in der Dystopie

Kommen wir von unerforschten Welten zu **Science-Fiction-Serien**, in der die (meisten) Figuren leider so gar nix zu lachen haben. Fünf von ihnen sind im folgenden Rätsel versteckt. Bilde aus den Silben die Serientitel und ordne sie der passenden Beschreibung zu.

Tale	ti	Cas	Man	Ga	the	Man
The	in	High	an	Mir	ri	tle
star	ca	ror	tle	maid's	The	da
The	Black	Bat	lo	lac	Hand	

1 Der Kopfgeldjäger Din Djarin lebt in den äußeren Randgebieten der Galaxis und kümmert sich um Grogu.

_ _ _   _ _ _ _ _ _ _ _ _ _ _

2 Nachdem künstlich erschaffene Zyklonen ihre Heimat vernichtet haben, kämpfen die letzten Menschen ums nackte Überleben.

_ _ _ _ _ _ _ _ _ _   _ _ _ _ _ _ _ _ _

3 Diese episodisch angelegte gesellschaftskritische Serie beleuchtet die dunklen Seiten moderner Technologien.

_ _ _ _ _   _ _ _ _ _ _

4 Wenn die Alliierten den Zweiten Weltkrieg verloren hätten und die USA zwischen den Siegermächten Japan und Deutschland aufgeteilt worden wären, sähe die Welt so aus.

_ _ _   _ _ _   _ _   _ _ _   _ _ _ _   _ _ _ _ _ _

5 In Gilead beraubt eine religiöse Diktatur Frauen ihrer Rechte. Sie werden gezwungen, Kinder für Elite-Paare zu gebären.

_ _ _   _ _ _ _ _ _ _ _'_   _ _ _ _

Ein Doktor auf Reisen

Science-Fiction kann nicht nur visionär, sondern auch lustig sein – wie die britische BBC-Serie **Doctor Who** beweist. Der Doktor ist ein zeitreisender Außerirdischer des Volkes der Time Lords, der mit der TARDIS, einer Zeitmaschine in Form einer britischen Polizeibox, durch Raum und Zeit reist. Die Storys sind spannend und spaßig zugleich. Kein Wunder also, dass die beliebte Serie Kultstatus genießt und die am längsten laufende Science-Fiction Serie der Welt ist. Wann zeigte sich „Doctor Who" zum ersten Mal auf den Mattscheiben der Röhrenfernseher? Das erfährst du, wenn du dieses Sudoku löst.

Trage in jedes Feld eine der Ziffern 1 bis 9 so ein, dass in jeder Zeile, jeder Spalte und jedem 3 x 3-Quadrat jede der Ziffern genau einmal vorkommt. Die Zahlen in den farbigen Kästchen ergeben von oben nach unten angeordnet die Lösung.

4	8			5				3
	9		1					6
	1	6			7		8	2
	2	3	8			7	6	5
7				2		8	9	1
					1			4
	3					2	4	9
	7		4		9			8
		4	2	3	8			

Lösung: __ __ __ __

SciFi Made in Germany

Wir bleiben im Science-Fiction-Genre und springen nach Deutschland. Dort wurde von 2017 bis 2020 die hier gesuchte Serie gedreht. Findest du anhand der Zuschauer-Bewertungen heraus, welche **deutsche Science-Fiction-Serie** gemeint ist?

★★★★★

Mir gefällt's

Die Serie zieht einen mit ihrer dichten Atmosphäre, komplexen Handlung und emotionalen Tiefe in ihren Bann. Besonders beeindruckend ist, wie geschickt die Zeitreisen mit persönlichen Schicksalen verwoben werden.

★★★★★

Knobelaufgabe

Endlich mal eine Serie mit einer so stimmigen wie komplexen, aber logisch durchdachten Story, die zum Miträtseln einlädt. In einer Kleinstadt verschwinden Kinder, verstorbene Personen tauchen lebendig wieder auf, Vögel und Schafe sterben. Themen wie Zeit, Familie und Schicksal werden auf einzigartige Weise behandelt. Selten war eine Serie so fesselnd und tiefgründig!

★★

Zu kompliziert

Die dunkle Atmosphäre ist super und das Schauspieler-Ensemble auch, aber die komplizierten Familienkonstellationen in der Kleinstadt Winden – immerhin sind es mit den Dopplers, Kahnwalds, Nielsens und Tiedemanns gleich vier an der Zahl – sind sehr verwirrend.

Lösung:

__ __ __ __

Heiße SciFi-Tipps

Serien wie **Doctor Who** und **Star Trek** zählen zweifellos zu den erfolgreichsten **Science-Fiction-Serien**. Doch das Genre hält noch eine Menge Serien parat, die vielleicht etwas weniger bekannt, aber nicht minder spannend sind. Fünf dieser Serien suchen wir in diesem Rätsel. Um sie zu erraten, schau dir die Legende an, entdecke das versteckte Alphabet und entschlüssle die Symbole.

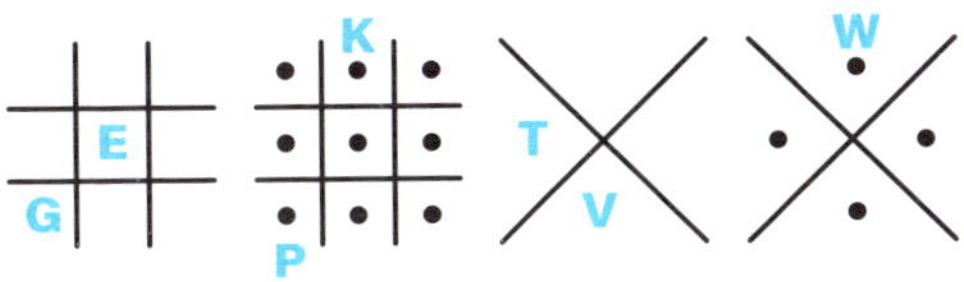

1 Jugendliche Straftäter werden aus einer Raumstation auf die nuklear verseuchte Erde zurückgeschickt.

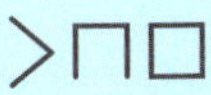 100

___ ___ ___ 100

2 In einem futuristischen Freizeitpark dienen Androiden menschlichen Gästen.

___ ___ ___ ___ ___ ___ ___ ___ ___

3 In einer postapokalyptischen Eiszeit leben die letzten Menschen in einem riesigen Zug.

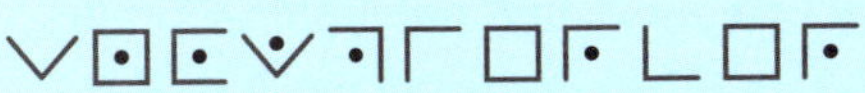

___ ___ ___ ___ ___ ___ ___ ___ ___ ___ ___

4 Ein militärisches Team erkundet mithilfe eines alten Portals fremde Welten.

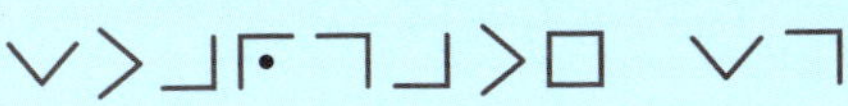 -1

___ ___ ___ ___ ___ ___ ___ ___   ___ ___ -1

5 Menschen können ihr Bewusstsein vor dem Tod in digitale Jenseits-Welten hochladen.

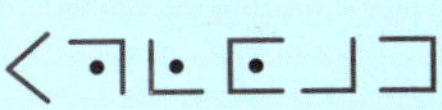

___ ___ ___ ___ ___ ___

Horror in Hawkins

Einer der größten Serienhits der vergangenen Jahre ist **Stranger Things** – eine Science-Fiction-Serie, die auch Horrorelemente einbindet. Im Zentrum der Handlung steht eine Gruppe Jugendlicher in den 80er-Jahren, die in der Kleinstadt Hawkins mysteriöse Ereignisse erleben. Wie gut kennst du dich mit der Serie aus? Finde den Lösungsweg, indem du alle Aussagen vom Start bis ins Ziel richtig bewertest.

Start

Die vier Jugendlichen, um die sich die Serie dreht, heißen Will, Mike, Dustin und Lucas.

Nein – **H**

Der Polizist Jim Hopper ist der leibliche Vater des Mädchens.

Nein – **A**

Steve Harrington hat ab der ersten Staffel eine Hauptrolle.

Nein – **C**

Ein Tor zum „Upside Down" wird im geheimen Regierungslabor Hawkins National Laboratory entdeckt.

Wenn du alles richtig eingeschätzt hast, ergeben die passierten Buchstaben den Titel einer deutschen Science-Fiction-Thriller-Serie von 2020 mit Jessica Schwarz.

__ __ __ __ __ __ __ __ __ __

B

Will verschwindet zu Beginn der ersten Staffel. Dafür taucht ein Mädchen mit kurzgeschorenen Haaren auf.

I

Das Mädchen wird Twelve genannt, weil sie ein Tattoo mit einer 12 auf dem Arm hat.

O

Joyce, die Mutter von Will, kommuniziert mithilfe einer Lichterkette mit ihrem verschwundenen Sohn.

E

Dustin hat eine Freundin namens Suzie.

K

In der Serie gibt es russische Wissenschaftler, die an übernatürlichen Projekten arbeiten.

R

Der Höhepunkt der dritten Staffel ist die epische Schlacht im Einkaufszentrum Starcourt Mall.

S

Max' Lieblingslied ist „Running Up That Hill" von Kate Bush.

Ziel

Akte X

23 Jahre vor **Stranger Things**, genauer gesagt 1993, startete **Akte X**, eine Serie, in der das Übernatürliche ebenfalls eine tragende Rolle spielt. Darin untersuchen die FBI-Agenten Fox Mulder, ein überzeugter Gläubiger des Übernatürlichen, und Dana Scully, eine rationale Wissenschaftlerin, ungelöste Fälle voller Mysterien. Dabei stoßen sie auf UFO-Sichtungen, paranormale Phänomene und Verschwörungen, die tief in die Regierung reichen. Scully zweifelt besonders zu Beginn die Existenz von Außerirdischen an, sie werden auch in der Serie nur selten konkret gezeigt – ganz im Gegensatz zu diesem Rätsel, das ein wahrer Tummelplatz von **Aliens** ist. Einige Aliens gibt es doppelt, nur zwei sind Unikate – findest du sie?

Bissige Leichen

Mit **The Walking Dead** knöpfen wir uns jetzt eine der erfolgreichsten Serien überhaupt vor. Schauplatz ist eine postapokalyptische Welt, in der Beißer (Zombies) die Menschheit bedrohen. Eine Gruppe Überlebender kämpft gegen die Untoten und rivalisierende Menschen. Was weißt du über die Serie?

1 Wie wird man in der Horror-Serie zum Beißer?

- **a** Durch Biss eines Beißers **AL**
- **b** Automatisch nach dem Tod **RE**
- **c** Nach dem Tod, aber nur, wenn man ermordet wurde. **DE**

2 Wie heißt der Zufluchtsort, den Rick und seine Leute in der fünften Staffel finden?

- **a** Sanctuary **AD**
- **b** Alexandria **SI**
- **c** Woodbury **OF**

3 Was ist das Markenzeichen von Daryl Dixon?

- **a** Armbrust **DE**
- **b** Schwert **CI**
- **c** Speer **US**

4 Wie heißt der Baseballschläger von Negan?

- **a** Lucille **NT**
- **b** Slugger **AR**
- **c** Betsy **ER**

5 Mit wem geht Rick eine Beziehung ein?

- **a** Andrea **GE**
- **b** Carol **DE**
- **c** Michonne **EV**

6 Mit welchem Handicap muss Carl ab Mitte der sechsten Staffel leben?

- **a** Er verliert ein Auge. **IL**
- **b** Er verliert ein Bein. **AD**
- **c** Er wird gebissen und lebt als Beißer weiter. **IN**

Alles gelöst? Dann verraten dir die Lösungsbuchstaben den Namen einer Serie, die 2022 als Verfilmung eines Videospiels erschien und in der ebenfalls Zombies eine Rolle spielen.

1	1	2	2	3	3	4	4		5	5	6	6

Horror hoch 3

Auch in den Serien **American Horror Story**, **Buffy – Im Bann der Dämonen** und **Supernatural** sind die Hauptfiguren heldenhaft unterwegs. Findest du heraus, wann die Serien zum ersten Mal ausgestrahlt wurden, wer sie erschaffen hat und welche prominente Dame darin einen Gastauftritt hatte?

		Erstausstrahlung			Schöpfer			Gastauftritt		
		2011	1997	2005	Ryan Murphy	Joss Whedon	Eric Kripke	Lady Gaga	Ashanti	Paris Hilton
Serie	American Horror Story									
	Buffy – Im Bann der Dämonen									
	Supernatural									
Gastauftritt	Lady Gaga									
	Ashanti									
	Paris Hilton									
Schöpfer	Ryan Murphy									
	Joss Whedon									
	Eric Kripke									

Serie ______ Erstausstrahlung ______ Schöpfer ______ Gastauftritt ______

______

______

______

Hinweise

1 Die drei Serien sind American Horror Story, diejenige, in der Ashanti eine Gastrolle hatte, und diejenige, deren Schöpfer Eric Kripke ist.

2 Die Serie, in der Paris Hilton einen Gastauftritt hatte, ist von 2005 oder von 2011.

3 Lady Gaga spielte keine Gastrolle in der Serie von Joss Whedon.

4 Buffy gibt es länger als Supernatural.

5 Die Erstausstrahlung von American Horror Story war nicht 1997.

6 Die Serie von Ryan Murphy, in der Lady Gaga einen Gastauftritt hatte, wurde 2011 zum ersten Mal ausgestrahlt.

No Vampire is perfect

Die drei Serien aus dem nebenstehenden Rätsel haben eins gemeinsam: es sind **Vampire** mit von der Partie! Nur das Tageslicht oder ein Pflock durchs Herz kann diese Blutsauger angeblich töten. Doch man hört, dass die blutrünstigen Wesen auch als Asche weiterexistieren und durch den Kontakt der Asche mit Blut wieder auferstehen können. Ob's stimmt? Wer weiß ... Was aber sicher ist: In diesem Rätsel ist bei der Wiederauferstehung eindeutig was schiefgelaufen. Findest du die sechs Fehler im linken Bild?

Großer Blutdurst

Wir bleiben bei den **Vampiren** und widmen uns gruseligen **Fantasy-Serien**, bei denen die blutsaugenden Wesen mit übernatürlichen Kräften auch eine Haupt- oder Nebenrolle spielen. Drei dieser Serien verstecken sich in diesem Rätsel. Um sie zu finden, beginne mit dem markierten Buchstaben und finde den Weg durch das Gitter. Du kannst waagerecht und senkrecht gehen.

E	U	R	T	A	I	D	E
B	L	O	S	R	Y	V	R
W	D	O	E	I	A	A	I
E	D	N	E	S	D	M	P

Lösung:

1 _ _ _ _ _ _ _   _ _ _ _ _ _ _

2 _ _ _ _   _ _ _ _ _

3 _ _ _ _ _ _ _ _ _

Fantasy-Hits

Vampire, Werwölfe, magische Wesen ... Zu den äußerst beliebten **Fantasy-Serien** zählen auch die vier unten aufgeführten. Wann wurden sie zum ersten Mal ausgestrahlt? Folge dem Labyrinth, sammle die Zahlen ein und übertrage sie in die Tabelle!

Lösung:

1 The Witcher: __ __ __ __

2 Teen Wolf: __ __ __ __

3 Once Upon a Time: __ __ __ __

4 Shadowhunters: __ __ __ __

Fantastische Comics

Es bleibt fantastisch! Jetzt suchen wir zwei Serien, die mit der zuvor schon „umrätselten“ Serie **The Walking Dead** etwas gemeinsam haben: Sie basieren ebenfalls auf **Comic-Vorlagen**. Kannst du die Bilderrätsel knacken und die Titel erräten?

1 Der Teufel genießt das Nachtleben von L.A.

B = L
H= I

~~DE~~

_ _ _ _ _ _ _

2 Die Jugendjahre eines großen Superhelden

KR = SM
~~E~~

P = V

_ _ _ _ _ _ _ _ _ _

Immer Ärger mit den Nachbarn

Eine der erfolgreichsten Fantasy-Serien ist **Game of Thrones**, die von 2011 bis 2019 lief und die mit „House of the Dragon" 2022 ein Spin-off bekam. In „Game of Thrones" kämpfen Adelsfamilien um den Eisernen Thron. Intrigen, Machtspiele und Verrat prägen den Kampf zwischen den Adelshäusern der Serie. Jeweils eine der vier genannten Figuren gehört nicht zu dem genannten Haus – weißt du, welche?

1 Haus Stark

a Eddard **V**
b Joffrey **B**
c Robb **O**
d Sansa **L**

2 Haus Lannister

a Bran **O**
b Tywin **K**
c Cersei **S**
d Tyrion **W**

3 Haus Targaryen

a Daenerys **R**
b Viserys **S**
c Rhaegar **T**
d Jamie **L**

4 Haus Baratheon

a Robert **I**
b Stannis **E**
c Rickon **T**
d Renly **A**

5 Haus Greyjoy

a Arya **O**
b Balon **H**
c Yara **Y**
d Theon **T**

6 Haus Tyrell

a Mace **M**
b Ethel **N**
c Olenna **I**
d Margaery **S**

Alles gelöst? Dann ergeben die Lösungsbuchstaben den Namen eines erloschenen Hauses aus Game of Thrones!

1	2	3	4	5	6

Im Reich der Ringe

Auch in unserer nächsten Fantasy-Serie geht es um Macht. **Der Herr der Ringe: Die Ringe der Macht** spielt im Zweiten Zeitalter von Mittelerde, Tausende Jahre vor den Ereignissen aus den Büchern J. R. R. Tolkiens. Erzählt wird die Erschaffung der Ringe der Macht, der Aufstieg Saurons und die frühen Abenteuer verschiedener Elben. Wenn du die folgenden Wörter in die richtige Reihenfolge bringst, ergeben sich drei Zitate aus der Serie.

AN ▪ BEGINN ▪ BÖSE ▪ DIE ▪ DUNKEL ▪ ERFORDERT ▪ ES ▪ IST ▪ IST ▪ IST ▪ LIEBE ▪ NICHTS ▪ NIE ▪ OPFER ▪ SCHÖPFUNG ▪ VON ▪ WAHRE ▪ WIRKLICH ▪ WO

1 „_ _   _ I _   _ _ _ _ _
_ S _,   _ _ _   _ _   N _ _
_ _ _ K _ _ _ _   _ _ _ _ _ _."

Elrond

2 „_ _ _ _ _ S   _ _ _   _ _ _
B _ _ _ _ _   _ _   _ _ _ _."

Galadriel

3 „_ _ _ _ _   _ _ _ _ _ _ _ _ _
_ _ _ _ R _ _ _ _   O _ _ _ _."

Celebrimbor

Reise in die Vergangenheit

Die auf der Highland-Saga von Autorin Diana Gabaldon basierende Serie **Outlander** vereint Fantasy, Mystik, Abenteuer und Liebe zu einem perfekten Mix. In der Serie reist die Krankenschwester Claire Randall aus dem 20. Jahrhundert durch einen mysteriösen Steinkreis ins 18. Jahrhundert. Kannst du die folgenden Serien-Ereignisse in die richtige zeitliche Reihenfolge bringen?

☐	Nach zwei Jahrzehnten kehrt Claire ins 18. Jahrhundert zurück, als sie erfährt, dass Jamie überlebt hat.	H_2
☐	Schwanger mit Jamies Kind reist Claire vor der Schlacht von Culloden ins 20. Jahrhundert zurück, um das Kind nach der Geburt sicher aufzuziehen.	U
☐	Claire und Jamie werden in die Konflikte rund um die amerikanische Revolution hineingezogen.	N
1	Claire wird von einer Gruppe Highlander gerettet und trifft auf Jamie.	H_1
☐	Jamies Sohn William wird im Haus von Lord Dunsany geboren.	G
☐	Um sie vor den Engländern zu schützen, wird Claire gezwungen, Jamie zu heiraten.	E
☐	Die Frasers lassen sich in den amerikanischen Kolonien nieder und gründen Fraser's Ridge.	A

Das Lösungswort verrät dir den Namen des schottischen Schauspielers, der in der Serie die Rolle des Jamie spielt.

Sam

1	2	3	4	5	6	7
H						

Ziemlich beste Freunde

Nun geht's um eine Serie, in der das Genre **Fantasy** um eine ordentliche Portion **Humor** ergänzt wurde. Die Story der seit 2019 laufenden britischen Serie in Kurzform: Ein Engel und ein Dämon müssen zusammen den Weltuntergang verhindern … Um den Serientitel zu errätseln, suche den ersten Buchstaben in einer der Ecken und dann die Anschlussbuchstaben, bis du beim letzten Buchstaben im Mittelkreis angekommen bist.

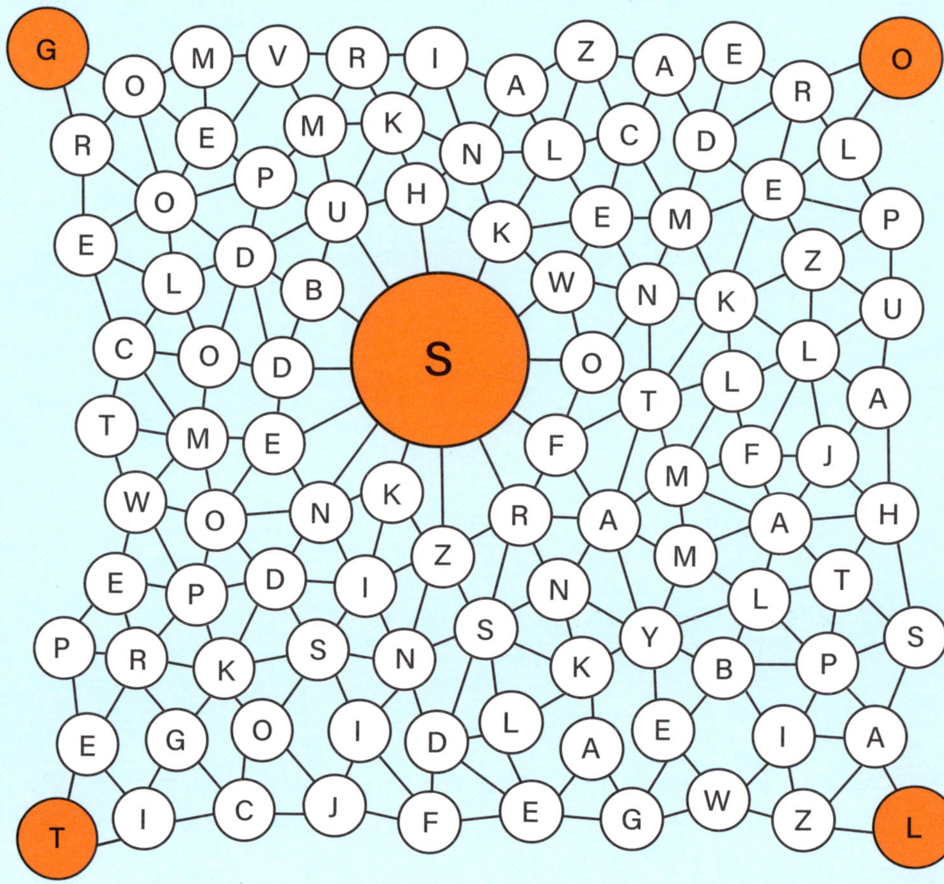

Lösung: _ _ _ D   _ _ _ _ _

Bunter Serien-Genre-Mix

Zum Schluss widmen wir uns noch einigen besonderen Schmankerln! Die im folgenden Rätsel gesuchten fünf Serien vereinen jeweils mehrere Genres auf perfekte Weise – zum Beispiel Science-Fiction mit Fantasy, Fantasy mit Comedy oder Horror mit Fantasy. Wenn du die folgenden Geheimcodes knackst, findest du heraus, welche Serien wir suchen.

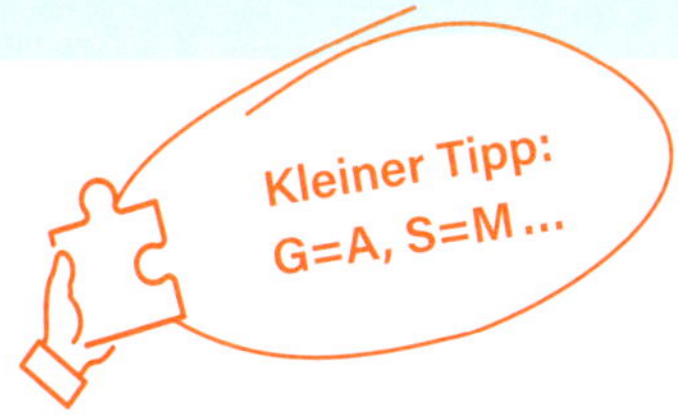

1 Nach Absturz von Oceanic Air Flug 815 kämpfen die Überlebenden auf einer mysteriösen Pazifikinsel um ihr Leben.

RUYZ ___ ___ ___ ___

2 Drei Schwestern mit magischen Kräften kämpfen mit Dämonen, Warlocks und ganz normalen Alltagsproblemen.

INGXSKJ ___ ___ ___ ___ ___ ___ ___

3 Ein exzentrischer Alien strandet mit seinem Raumschiff in Colorado und schlüpft in die Identität des Arztes Harry Vanderspeigle – mit dem Auftrag, alle Menschen zu töten.

XKYOJKTZ GROKT ___ ___ ___ ___ ___ ___ ___ ___ ___ ___ ___ ___ ___

4 Spin-off von „Vampire Diaries" um die Urvampir-Geschwister Klaus, Elijah und Rebekah Mikaelson.

ZNK UXOMOTGRY ___ ___ ___ ___ ___ ___ ___ ___ ___ ___ ___ ___

5 Quentin beginnt in Brakebills, einer Hochschule für Magie, sein Studium und muss feststellen, dass Zeit und Raum nicht so sind, wie allgemein angenommen wird.

ZNK SGMOIOGTY ___ ___ ___ ___ ___ ___ ___ ___ ___ ___ ___ ___

Science-Fiction, Horror & Fantasy errätselt?

Nachdem du dich nun durch die spannungsgeladene Welt von Science-Fiction, Horror und Fantasy gerätselt hast, kannst du hier abschließend checken, wie fit du in diesem Bereich bist und was du gelernt hast.

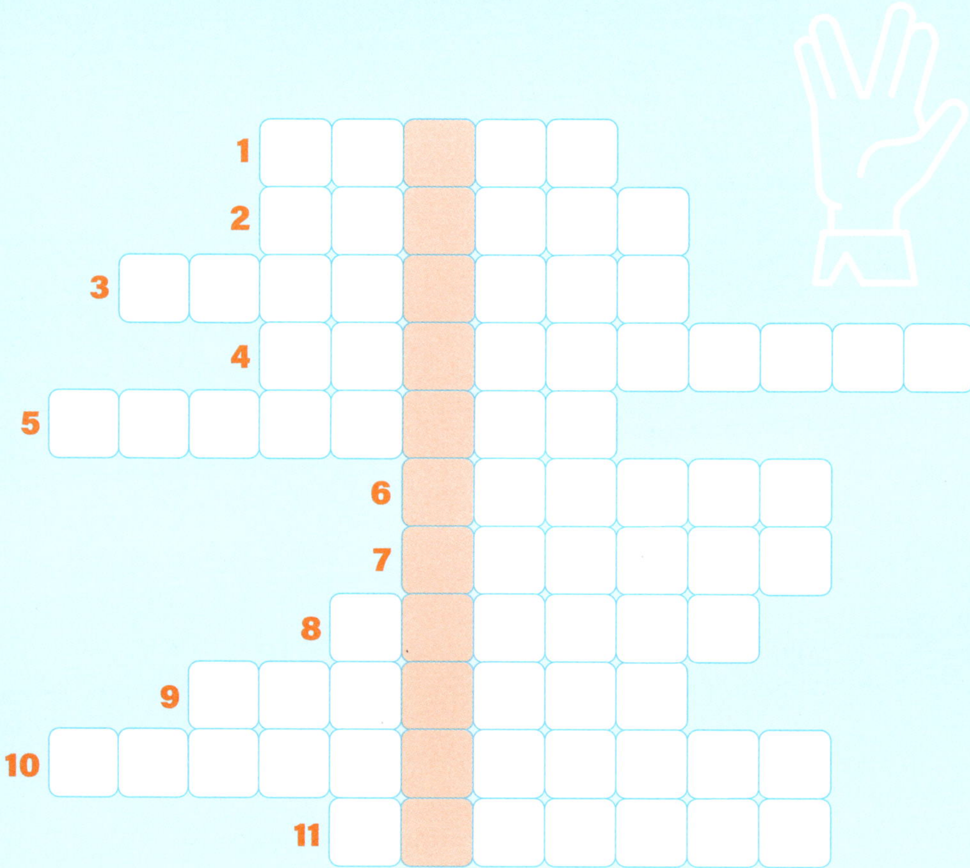

Check dein Wissen!

1 In welcher Vampir-Serie spielte Ashanti eine Gastrolle?

2 Das Spin-off von „Game of Thrones" heißt „House of the ...".

3 Die Erfolgsserie, in der vier Jugendliche in der Kleinstadt Hawkins mysteriöse Ereignisse erleben, heißt „... Things".

4 Das Raumschiff unter Kommando von Captain Jean-Luc Picard in „Star Trek: The Next Generation" ist die USS ...

5 Die historische Fantasy-Serie „Outlander" basiert auf der „...-Saga" von Autorin Diana Gabaldon.

6 Die FBI-Agenten in „Akte X" sind Fox Mulder und Dana ...

7 Wie lautet der Name eines der großen Adelshäuser in „Game of Thrones"?

8 Wie heißt die Diktatur, in der „The Handmaid's Tale" spielt?

9 Sie treiben in der erfolgreichen Horror-Serie „The Walking Dead" ihr Unwesen.

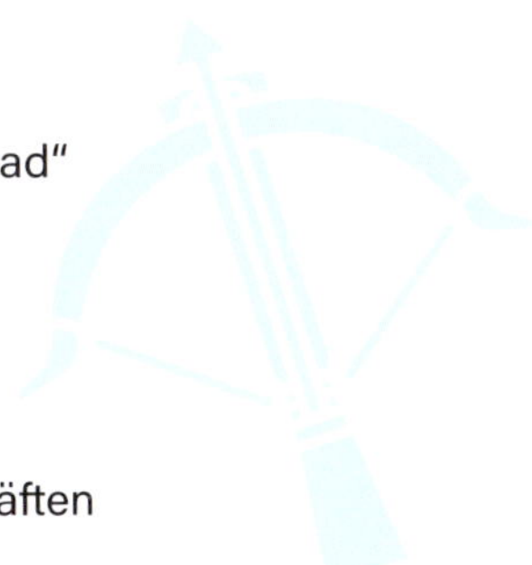

10 Die Science-Fiction-Serie „Dark" wurde in ... produziert.

11 Wie heißt die Serie, in der drei Schwestern mit magischen Kräften gegen Dämonen kämpfen?

Seite 6

1 The Big Bang Theory: Sitcom, **2** Orange is the New Black: Dramedy, **3** Der Tatortreiniger: Comedy, **4** Desperate Housewives: Dramedy, **5** How I Met Your Mother: Sitcom, **6** The Marvelous Mrs. Maisel: Dramedy

Lösung: Archer

Seite 7

1 Ted stiehlt in einem Restaurant ein blaues Horn, um Robin zu beeindrucken.

2 Robin und Ted werden zum ersten Mal ein Paar.

3 Robins Geheimnis wird enthüllt: Sie war als Teenie ein One-Hit-Wonder-Popstar in Kanada.

4 Lily und Marshall feiern Hochzeit.

5 Ted wird von Stella sitzen gelassen.

6 Das erste Kind von Lily und Marshall wird geboren.

7 Barney macht Robin einen Heiratsantrag.

8 Die Zuschauer sehen die „Mutter" zum ersten Mal.

Lösung: In Reimen

Seite 8

1 Scrubs, **2** Modern Family, **3** New Girl, **4** Brooklyn Nine-Nine

Seite 9

1 = falsch, **2** = falsch, **3** = richtig, **4** = richtig, **5** = richtig, **6** = falsch

Lösung: Moonpie

Seite 10

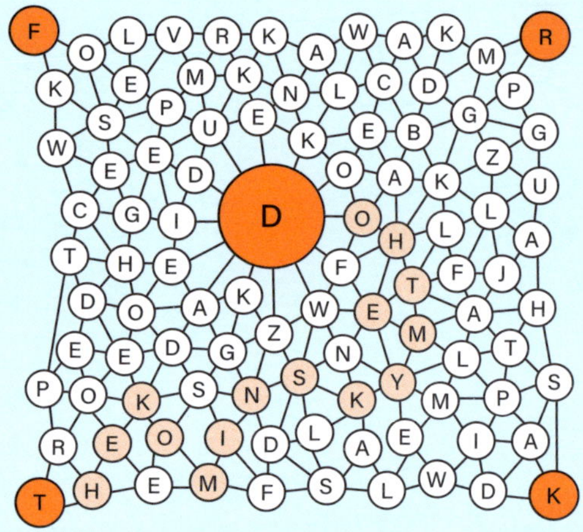

Lösung: The Kominsky Method

Seite 11

A	I	L	M	U	B
U	M	B	L	I	A
M	U	I	B	A	L
L	B	A	I	M	U
I	L	U	A	B	M
B	A	M	U	L	I

Lösung: Malibu

Seite 12/13

Lösung: The IT Crowd

Seite 14/15

Lösung: King of Queens

Seite 16

228

119 109

57 62 47

25 32 30 17

11 14 18 12 5

6 5 9 9 3 2

Lösung: 62 Mal

Seite 17

1a, **2b**, **3a**, **4c**, **5a**, **6c**

Lösung: Miami Nice

Seite 18

Lösung: 2014 Los Angeles

Seite 19

1 Sex and the City: Kolumnistin, Freundinnen, Samantha, New York, Sex

2 Ally McBeal: Anwältin, Boston, Kollegen, Liebesleben, Sinn

Seite 20

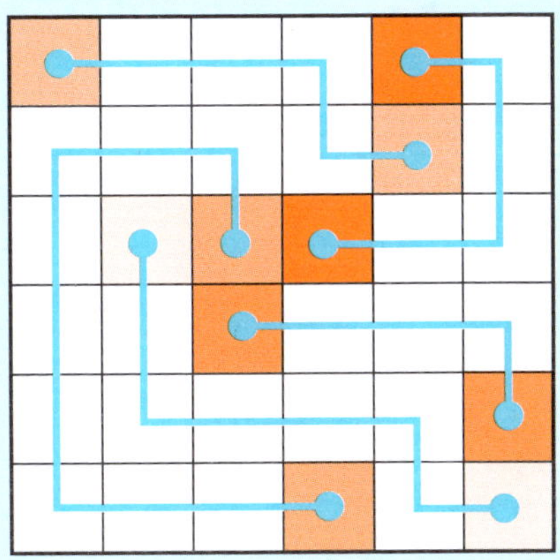

Lösung: Susan: Teri Hatcher, Lynette: Felicity Huffman, Bree: Marcia Cross,

Gabrielle: Eva Longoria, Edie: Nicollette Sheridan

Seite 21

Seite 22

Lösung: Young Royals

Seite 23

1 The Bear (:King of the Kitchen), **2** Glee, **3** Californication

Seite 24

1c ,**2c**, **3d**, **4a**, **5d**
Lösung: Weeds

Seite 25

N	O	S	R	D	L
L	I	G	U	E	L
E	N	T	H	S	O
F	A	S	O	W	T

Lösung: How to Sell Drugs Online (Fast)

Seite 26

Lösung: Viktor bringt's

Seite 27

H	M	T	I	M	M	Y	I	K	N	B	R	F	G
G	I	K	O	A	P	B	A	G	Y	E	A	R	C
N	S	O	S	G	E	I	U	R	E	L	S	R	L
L	T	R	V	G	E	O	D	T	C	O	E	J	T
B	E	M	U	I	O	Z	R	O	T	Z	E	U	N
W	R	C	U	E	R	N	O	E	R	E	W	B	T
R	B	E	H	R	O	I	F	A	M	U	R	B	O
E	U	O	A	E	T	Y	K	J	A	W	H	S	N
M	R	Z	C	O	F	Z	N	T	R	D	N	S	N
O	N	N	R	E	K	K	I	N	G	R	E	T	E
H	S	F	F	E	R	S	O	N	E	N	S	A	Z
E	M	H	P	O	E	T	F	C	M	K	I	N	R
A	S	I	L	S	E	L	M	A	H	H	E	R	I
N	D	B	E	N	R	E	N	E	R	I	C	F	K

Seite 28/29

1 Bradshaw, **2** Mosby, **3** Golden Girls, **4** Lorre, **5** Friends, **6** Stromberg, **7** Drogen, **8** Sheen, **9** Heartstopper

Seite 32

1 The Lincoln Lawyer: Anwaltsserie, **2** The Rookie: Polizeiserie, **3** Alarm für Cobra 11: Polizeiserie, **4** House of Cards: Thriller, **5** Suits: Anwaltsserie, **6** Magnum P.I.: Detektivserie, **7** Bosch: Detektivserie, **8** Better Call Saul: Anwaltsserie, **9** Haus des Geldes: Thriller; **Lösung:** Squid Game

Seite 33

1 Krebsdiagnose, Methamphetamin, Pinkman, **2** Goodman, Anwalt, James, parallel, Hector, Cameo

Seite 34

1 Good Wife, **2** Suits, **3** How to Get Away With Murder, **4** Boston Legal

Seite 35

A Bones (– Die Knochenjägerin), **B** Rizzoli & Isles, **C** Body of Proof

Seite 36

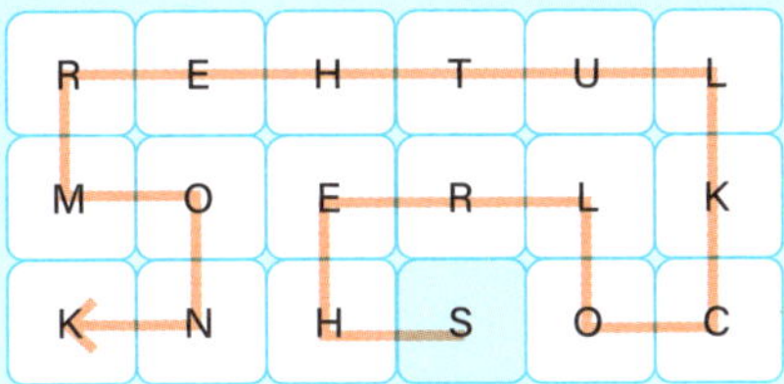

Lösung: 1 Sherlock, **2** Luther, **3** Monk

Seite 37

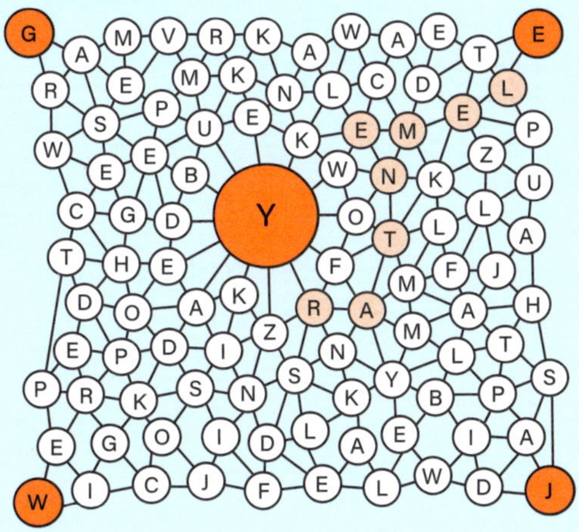

Lösung: Elementary

Seite 38

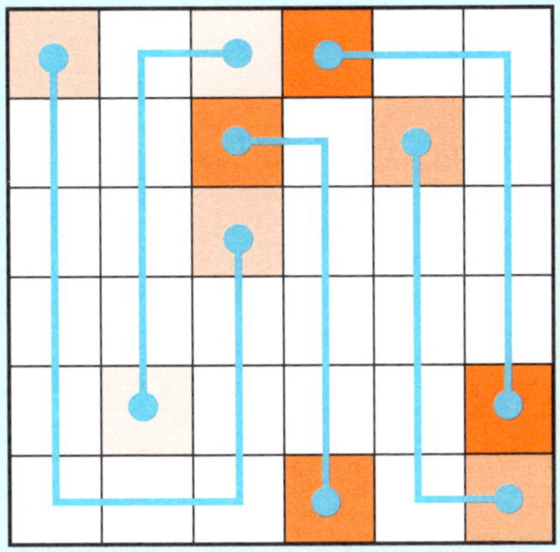

Lösung: Haus des Geldes: Spanien, Lupin: Frankreich, Peaky Blinders: UK, Borgen: Dänemark, Das Gesetz nach Lidia Poët: Italien

Seite 39

Seite 40

1 Die Rosenheim-Cops: 2002, **2** Großstadtrevier: 1986, **3** Alarm für Cobra 11: 1996, **4** Mord mit Aussicht: 2008

Seite 41

1 The Rookie, **2** Only Murders in the Building, **3** White Collar; **Lösung:** Castle

Seite 42/43

Lösung: The Night Agent

Seite 44

5	3	1	2	7	4	8	6	9
6	8	4	5	9	1	3	7	2
7	9	2	8	3	6	1	4	5
8	7	6	3	5	2	4	9	1
3	4	9	1	6	7	5	2	8
2	1	5	9	4	8	6	3	7
1	5	3	6	2	9	7	8	4
9	6	7	4	8	5	2	1	3
4	2	8	7	1	3	9	5	6

Lösung: 22 Staffeln

Seite 45

Lösung: CSI

Seite 46/47

1 Dexter, **2** True Detective, **3** The Mentalist, **4** The Blacklist, **5** Person of Interest, **6** Hannibal, **7** Narcos, **8** Ozark, **9** Killing Eve, **10** Fargo

Seite 48

1 The Sopranos, **2** Twin Peaks, **3** Law & Order

Seite 49

1b, **2c**, **3c**, **4a**, **5c**, **6a**
Lösung: Quincy

Seite 50

1 (Tom Clancy's) Jack Ryan, **2** Arrow, **3** Vikings, **4** Lethal Weapon, **5** Sons of Anarchy

Seite 51

1 Agents of S.H.I.E.L.D. (2013), **2** Daredevil (2015), **3** Luke Cage (2016), **4** The Defenders (2017), **5** Cloak & Dagger (2018), **6** WandaVision (2021), **7** Loki (2021), **8** Moon Knight (2022)
Lösung: Ms. Marvel

Seite 52/53

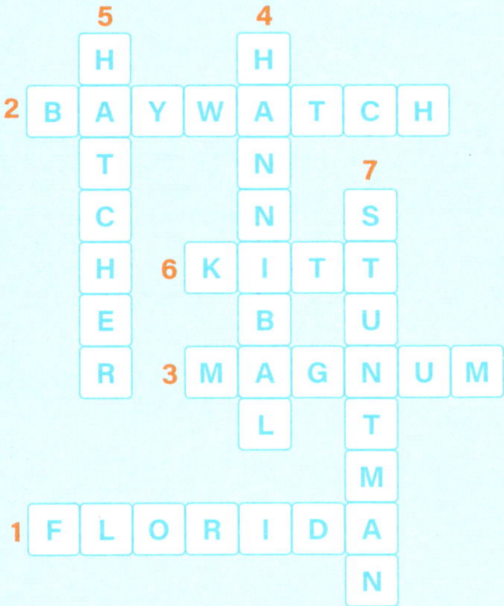

Lösung: Ryan Gosling

Seite 54/55

1 House of Cards, **2** Cosy Crime, **3** Elementary, **4** Suits, **5** Boston, **6** Der Alte, **7** Marvel, **8** Babylon, **9** Dexter

Seite 58

1 Virgin River, **2** Downton Abbey, **3** Gilmore Girls, **4** Mad Men, **5** Grey's Anatomy, **6** The Crown

Seite 59

1 Prinzessin Elizabeth heiratet Philip Mountbatten (1947).

2 König George VI. stirbt, Elizabeth wird unerwartet Königin (1953).

3 Prinzessin Margaret heiratet Antony Armstrong-Jones (1960).

4 Camilla Shand, die spätere Ehefrau von Prinz Charles, heiratet Andrew Parker Bowles (1973).

5 Prinz Charles heiratet Diana Spencer (1981).

6 Prinz Charles und Prinzessin Diana lassen sich scheiden (1996).

7 Diana stirbt bei einem tragischen Autounfall (1997).

8 Prinzessin Margaret stirbt mit 71 Jahren, wenige Wochen vor dem Tod ihrer Mutter Queen Mum (2002).

Lösung: Imelda Staunton

Seite 60

1 The Marvelous Mrs. Maisel, **2** Das Damengambit, **3** Bridgerton, **4** Anne with an E

Seite 61

1a, **2c**, **3a**, **4b**, **5c**, **6c**

Lösung: Thomas Barrow

Seite 62

M	A	E	N	D
D	N	M	A	E
A	E	N	D	M
E	D	A	M	N
N	M	D	E	A

Lösung: Mad Men

Seite 63

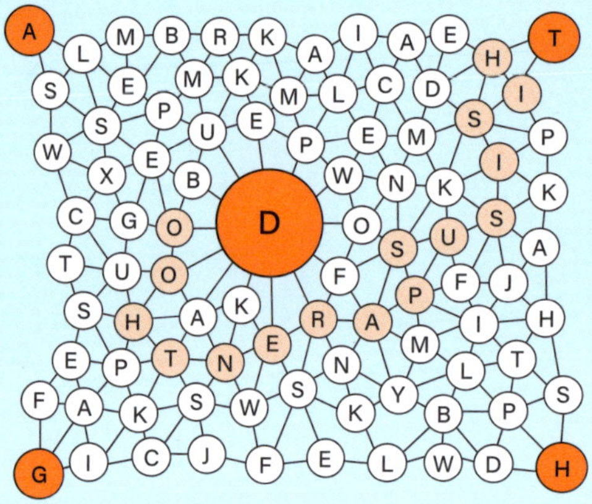

1 This is us, **2** Parenthood

Seite 64

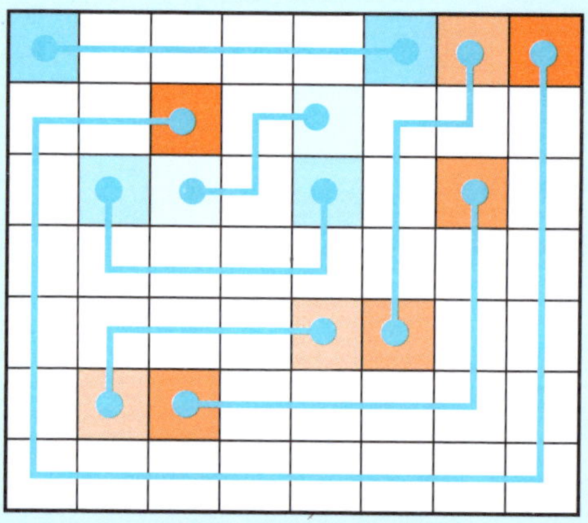

Serena: Blake Lively, Blair: Leighton Meester, Dan: Penn Badgley, Nate: Chace Crawford, Chuck: Ed Westwick, Lily: Kelly Rutherford, Rufus: Matthew Settle

Seite 65

1 Six Feet Under, **2** Tote Mädchen lügen nicht

Seite 66

Lösung: Pretty Little Liars

Seite 67

1 „Wenn es falsch ist, Kuchen zu essen, möchte ich nicht recht haben."

2 „Ich lebe in zwei Welten, eine ist eine Welt der Bücher."

Seite 68

A Chesapeake Shores, **B** Süße Magnolien, **C** Everwood

Seite 69

1 Virgin River, **2** Hart of Dixie,
3 Ausgerechnet Alaska

Seite 70

G	R	N	A	M	O	O	R
E	E	A	T	O	N	C	Y
S	Y	S	D	M	E	G	R
U	O	H	R	Y	E	M	E

1 Dr. House, **2** Grey's Anatomy,
3 Emergency Room

Seite 71

Murphy, Autismus, Johnny Depp
Lösung: New Amsterdam

Seite 72/73

Lösung: Marienhof

Seite 74

W	C	A	R	P	E	N	R	A	L	E	R	F	W
S	I	K	O	A	C	E	Y	L	A	N	A	R	I
N	I	O	S	G	H	I	U	R	E	L	S	R	N
L	T	M	V	C	E	O	D	T	C	O	E	J	T
S	E	M	O	I	O	Z	R	M	A	B	U	S	E
W	R	P	U	N	R	N	O	E	R	E	W	B	R
A	B	E	H	R	E	I	F	A	M	U	R	B	S
R	U	D	A	E	T	T	E	R	R	A	G	G	C
O	R	A	C	O	F	Z	T	T	R	D	N	S	H
V	N	R	R	E	K	K	I	I	G	R	E	T	E
S	S	N	F	P	F	L	A	U	M	E	S	A	I
K	M	E	P	O	S	L	E	M	M	U	H	U	D
I	I	L	A	S	E	L	M	A	H	H	E	W	T
N	D	L	E	N	R	F	I	S	C	H	E	R	K

Seite 75

1d, **2b**, **3a**, **4c**, **5d**, **6b**
Lösung: Dallas

Seite 76/77

1 Lively, **2** The Crown, **3** Treat Williams, **4** Darnell, **5** Sherman, **6** Mad Men, **7** Hart of Dixie, **8** Crawley, **9** Doctor

Seite 80

1 The Walking Dead: Horror, **2** Doctor Who: Science-Fiction, **3** Game of Thrones: Fantasy, **4** American Horror Story: Horror, **5** Battlestar Galactica: Science-Fiction, **6** Vampire Diaries: Fantasy

Lösung: The Ark

Seite 81

Lösung: Prodigy

Seite 82

1 The Mandalorian, **2** Battlestar Galactica, **3** Black Mirror, **4** The Man in the High Castle, **5** The Handmaid's Tale

Seite 83

4	8	2	9	5	6	1	7	3
3	9	7	1	8	2	4	5	6
5	1	6	3	4	7	9	8	2
1	2	3	8	9	4	7	6	5
7	4	5	6	2	3	8	9	1
8	6	9	5	7	1	3	2	4
6	3	8	7	1	5	2	4	9
2	7	1	4	6	9	5	3	8
9	5	4	2	3	8	6	1	7

Lösung: 1963

Seite 84

Lösung: Dark

Seite 85

1 The 100, **2** Westworld, **3** Snowpiercer, **4** Stargate SG-1, **5** Upload

Seite 86/87

Lösung: Biohackers

Seite 88

Seite 89

1b, **2b**, **3a**, **4a**, **5c**, **6a**

Lösung: Resident Evil

Seite 90/91

Serie	Erstausstrahlung	Schöpfer	Gastauftritt
American Horror Story	2011	Ryan Murphy	Lady Gaga
Buffy – Im Bann der Dämonen	1997	Joss Whedon	Ashanti
Supernatural	2005	Eric Kripke	Paris Hilton

Seite 91 rechts

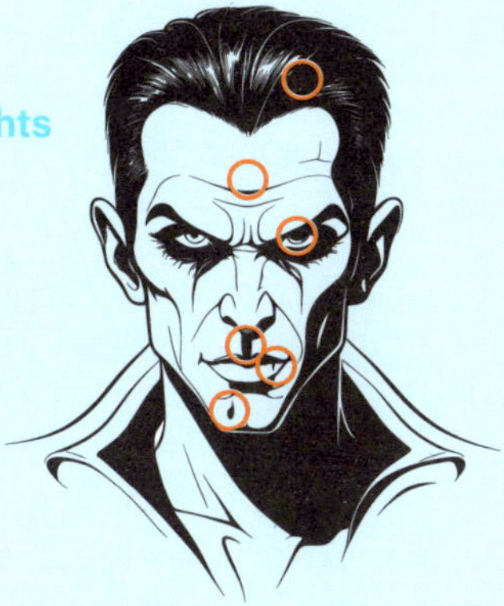

Seite 92

E	U	R	T	A	I	D	E
B	L	O	S	R	Y	V	R
W	D	O	E	I	A	A	I
E	D	N	E	S	D	M	P

1 Vampire Diaries (2009–2017), **2** True Blood (2008–2014), **3** Wednesday (seit 2022)

Seite 93

1 The Witcher: 2019, **2** Teen Wolf: 2011, **3** Once Upon a Time: 2011, **4** Shadowhunters: 2016

Seite 94

1 Lucifer, **2** Smallville

Seite 95

1b, **2a**, **3d**, **4c**, **5a**, **6b**
Lösung: Bolton

Seite 96

1 „Wo die Liebe ist, ist es nie wirklich dunkel."
2 „Nichts ist von Beginn an böse."
3 „Wahre Schöpfung erfordert Opfer."

Seite 97

1 Claire wird von einer Gruppe Highlander gerettet und trifft auf Jamie.
2 Um sie vor den Engländern zu schützen, wird Claire gezwungen, Jamie zu heiraten.
3 Schwanger mit Jamies Kind reist Claire vor der verlorenen Schlacht von Culloden ins 20. Jahrhundert zurück, um das Kind nach der Geburt sicher aufzuziehen.
4 Jamies Sohn William wird im Haus von Lord Dunsany geboren.
5 Nach zwei Jahrzehnten kehrt Claire ins 18. Jahrhundert zurück, als sie erfährt, dass Jamie überlebt hat.
6 Die Frasers lassen sich in den amerikanischen Kolonien nieder und gründen Fraser's Ridge.
7 Claire und Jamie werden in die Konflikte rund um die amerikanische Revolution hineingezogen.
Lösung: Sam Heughan

Seite 98

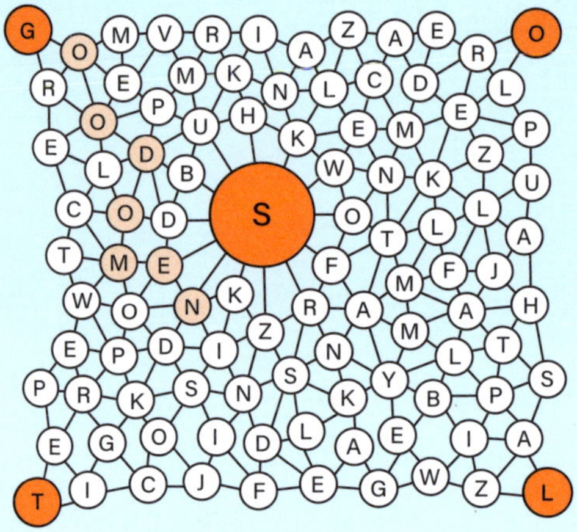

Lösung: Good Omens

Seite 99

1 Lost, **2** Charmed, **3** Resident Alien, **4** The Originals, **5** The Magicians

Seite 100/101

1 Buffy, **2** Dragon, **3** Stranger, **4** Enterprise, **5** Highland, **6** Scully, **7** Tyrell, **8** Gilead, **9** Beißer, **10** Deutschland, **11** Charmed

Bildnachweis

Innenteil: stock.adobe.com: © Abid, © AmethystStudio, © Andreas, © Arafat, © ArtbyInez, © Auto, © blacklight_trace, © Breck, © D Graphics, © Dream Is Power, © EchoDesign, © FutureFFX, © Gabrieuskal, © Ganesh Chandro Roy, © Graficriver, © Harpreet Singh, © hvostik16, © Ihor, © JM Graphics, © kANTASWAR, © Karacis, © Konkapp, © kreasitekmedia, © Krustovin/Wirestock Creators, © Lazy DogSVG, © Lenan, © liana2012, © majivecka, © Malinda, © manstock007, © Md Hasan, © mithun1990, © Mizanur Rahman, © Mohammedadib, © MONI, © mr_marcom, © Mudassar, © ngraphix1, © Oksana, © Oleksandra, © Olha, © oxinoxi, © RNko, © Sukho, © supanut, © Tetiana, © Trendy CraftSVG, © Vector contributor, © vector-cyan, © Wolfe, © Yurii, © zxr design, © Анна Богатырева
Umschlag: stock.adobe.com: © Ihor

delphin

Noch mehr „WISSEN IN RÄTSELN“

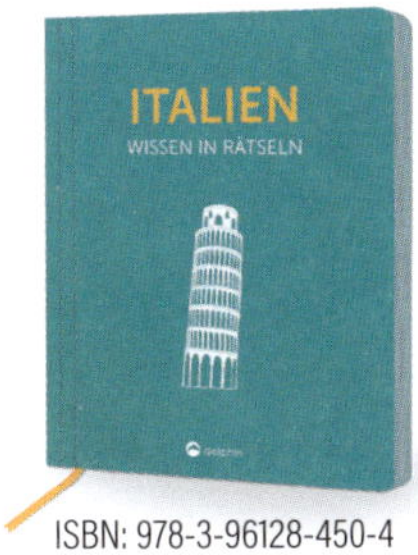

ISBN: 978-3-96128-450-4

ISBN: 978-3-96128-458-0

ISBN: 978-3-96128-456-6

ISBN: 978-3-96128-454-2

ISBN: 978-3-96128-453-5

ISBN: 978-3-96128-459-7

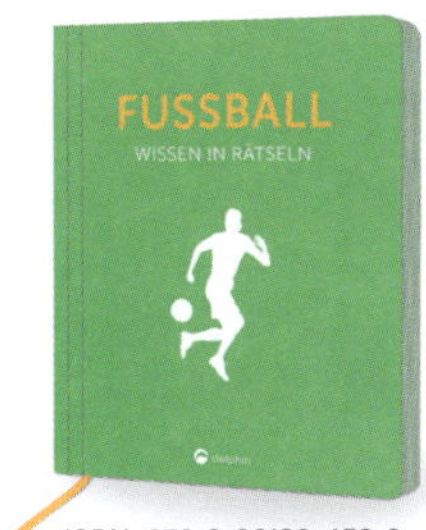

ISBN: 978-3-96128-452-8

ISBN: 978-3-96128-451-1

ISBN: 978-3-96128-457-3

ISBN: 978-3-96128-455-9

ISBN: 978-3-96128-462-7

Weitere Infos findest du unter
www.delphinverlag.de